JN296808

教科でできる
キャリア教育

「明石キャリア発達支援カリキュラム」による学校づくり

渡辺三枝子 監修　神戸大学附属明石中学校 著

図書文化

序文

「明石キャリアカリキュラム」の意味

　私は，中央教育審議会の主導でキャリア教育の導入が始まったときから現在まで，キャリア教育が義務教育の意味を再確認し，教育の専門家である教師たちが，自信をもって教育に取り組める指針として役に立つものとなるように微力ながら努めてきましたが，実を申しますと，ほんとうにキャリア教育が日本の児童生徒のために，そして教師たちのために役に立つにはどうあったらいいのかについて，十分な自信があったわけではありませんでした。しかし，神戸大学附属明石中学校のキャリア教育の取組みである「明石キャリアカリキュラム」と出会い，その実践過程に参加する機会をいただいたおかげで，いま求められている教育改革の推進に必要な理念として，キャリア教育が実質的に貢献できることを確信することができました。そして，いまでは自信をもって，すべての児童生徒の将来のために，すべての学校で取り組むべきものと言えるようになりましたし，具体的な取組み方についても明らかになりました。

　もちろん明石キャリアカリキュラムが唯一のモデルケースではありません。日本各地にはすばらしい取組みをしている学校教師はたくさんいらっしゃいます。しかし，この附属明石中学校の教師集団の取組みは，具体的なモデルの提示にとどまらず，「キャリア教育とは何か，教育的意味は何か」という本質的な問いかけに対して納得のいく回答を与えてくれたと思います。また，「それぞれの学校で効果的な独自の取り組みをするための基礎」を，実践を通して指し示してくれていると思います。

　このような理由から，「明石キャリアカリキュラム」を紹介することは，全国の教師や保護者，そしてキャリア教育の取組みを決定する行政関係者の方々の助けとなると確信したのです。そこで，附属明石中学校の先生方

に，一冊の書物にまとめ上げていただくことをお願いしました。そして，学校教育に多大な貢献をしている図書文化社の編集部の方々のご理解とご協力で，この度，世に出ることができました。しかも，キャリア教育への関心が一段と高まったこの時期に出版できることは，キャリア教育が日本の学校に正式に導入されたとき以来関与してきた者として，ほんとうにうれしく，感謝の気持ちでいっぱいです。

　読者の中には，「しょせん国立大学の附属学校だからできるのではないか。一般の中学校では無理だ」と思われる方がいらっしゃるかもしれません。しかし，キャリア教育に興味をもっていらっしゃるなら，一読していただきたいと思います。私自身，当初は同じような先入観をもっており，どちらかというと評価者の目で外部から，附属明石中学校の取組みを眺めていました。しかし，教師の方々の取組みの過程に参加していくうちに，活動そのものもさることながら，生徒と教師がともに変化していく様子，こういう言い方を許していただけるなら，「教師も生徒もともに人間的に発達していくさま」を体感することができたのです。

　附属明石中学校の教師の方々もみな最初からキャリア教育に積極的であったわけではありません。最初は喧々諤々の議論が続いたようです。そのような議論をとおして徐々に，キャリア教育の意味を自分たちで発見していき，最後にみなが「納得した」と実感したとき，日々の授業の進め方のなかで新たな挑戦をする勇気をもち，自信をもって評価し合えるようになっていったと観察しました。

　同じような授業運営をしているように見えても，キャリア教育の意味を納得できなかったときの授業とキャリア教育の意味を自身で納得できた後行った授業では，授業中の生徒に対する教師の態度，授業の組み立て方と進め方，生徒たちの反応，言いかえると，授業の雰囲気に明らかな違いが見て取れました。私は思わず，ある先生に「ずいぶん授業の進め方を工夫なさったのでしょうね，昨年とは明らかに違っているように見えたのです

が……」とたずねたことがあります。するとその教師は，「ええ。キャリア教育の意味がわかってからは，私の教科のもつ意味，授業を通して生徒に伝えたいこと，育てたい力を見つけることができたので，自信をもって授業が進められました。そうすると生徒一人一人の反応がびんびんと伝わってきました。授業が楽しくなりました。私が変化したことが認めてもらえて，私もうれしいです」とはっきりと，微笑んで答えてくれました。このときの先生との会話は私に勇気を与えてくれました。

　このような教師の姿を通して，私自身，キャリア教育が教育改革の理念であることの意味を納得でき，新たな学びができたわけです。私自身も発達できたと思います。そのおかげで，各地で出会う小学校，中学校，高校の教師の方々とのかかわり方も変化したと思います。まさに附属明石中学校の取組みを体験したことは，私自身のキャリア構築に大きな意味があったと確信しています。

　本書は，すぐ模倣のできる実践のモデルを提供するものではありません。先にも述べましたように，各学校で独自の取組みを展開していくための知識と指針を提供するものであると考えています。「キャリア教育に取り組まなければならない」というあせりの気持ちから，他校の実践事例やプログラムを取り寄せて，そのまま実行しようとする学校が少なくないようです。しかしその結果は，障壁が多く，生徒の反応も芳しくなく，同僚の教師の協力も思わしくないなど，責任者は脱力感だけが残るという話を耳にすることが多いのです。二つと同じ学校環境はないわけですから，「思わしくない」ことに気づいたことは，むしろ大きな進歩であると思います。思わしくないことに気づかないで実践されていることこそ問題だと思います。

　キャリア教育は，それぞれの中学校を構成している生徒，教師，保護者，そして中学校の校訓，歴史，立地的環境，さらには学校がキャリア教育と取り組むときの社会・経済的状況などの諸条件の影響を受けているという

現実を直視しなければならないと思います。実は，これらの諸条件は，キャリア教育だけでなく学校教育の実践すべてになんらかのインパクトを与えてきたものでもあると思います。事実，教師は，日々の学校生活の中で，生徒や保護者の状況が自分たちの活動に大きな影響を及ぼしていることには気づいていらっしゃるでしょう。しかし，生徒や保護者と同じくらいに，社会・経済的状況と教師集団の特徴が，学校教育のあり方，進め方に影響を及ぼしていることは忘れがちではないでしょうか。実は，キャリア教育を導入する際経験する葛藤を通して，これらの諸条件がキャリア教育のみならず教育活動全般に影響を及ぼしていることに気づかされます。

　本書を仕上げている現時点は，アメリカのサブプライム問題に端を発した金融危機が世界を席捲し，出口は予測できないと専門家が口をそろえて警告しているさなかです。おそらくこの影響は産業界・金融界だけにとどまらず，教育界にも及ぶでしょう。中央教育審議会において職業教育のあり方の検討といっしょに「キャリア教育のあり方の検討」が課題として取り上げられたのは，偶然とは考えにくいです。このような昨今の動向を見ていると，日本におけるキャリア教育が発展の第2段階に突入したと予測せざるを得ないのです。この点に関しては第1章で取り上げることとしますが，これからは各学校での取組みにいちだんと圧力がかかると想像されます。

　すでに指摘しましたように，現在，キャリア教育は肯定的に受け止められ，多様な期待をかけられていることを認めざるを得ません。しかし，その期待の中身を見聞きするうちに，「やっとキャリア教育が認められる時代が訪れた」と喜んではいられないという思いが強まってきました。なぜなら，期待が高まることとキャリア教育についての正確な理解が広まることとは並行していないからです。過剰な期待もあれば，誤解のうえに成り立った期待もあるからです。また，世間から注目されればされるほど，直接関与する教師の責任も課題も増すでしょう。キャリア教育という文言を

唱えることで，その真の目的とは程遠い行為や活動を求められるとしたら，学校現場は，そして担当する教師はどうなるのでしょうか。生徒への影響はどうなるのでしょうか。等々，心配は尽きません。もちろん，すべての人に正確な理解と適切な期待を求めることも非現実的であることは承知していますが。

　キャリア教育がその真の存在意義を発揮して，生徒のために役に立つものとなるためには，教師たちがその意味を正確に理解し，個々の生徒の成長発達に貢献するという教育活動の趣旨に沿って，実践することであると思います。言いかえれば，教師一人一人が教育者としての実力を向上させるならば，キャリア教育に対する世間の期待に応えることができると確信しています。この確信こそ，本文の書き出しで述べた，「明石キャリアカリキュラム」から得られた確信の中身なのです。

　本文に入るに先立って，私が「明石キャリアカリキュラム」をとおして学び，キャリア教育を成功させる鍵と，キャリア教育との取組みの意味を確信できたことを要約して次に紹介したいと思います。

① 中学校のキャリア教育は，「中学校時代でなければできないことを真剣に考えること」から始まる。

　キャリア教育の出発として，「『いま』集中して取り組まねばならないこと」に全力をそそぐという教育の原点に立ちかえったとき，教師たちは一丸となって真剣に行動に移せたということです。

② 教科活動を重視する姿勢が土台となる。

　「中学校でなければできないこと」として，「教科学習」の意味を問い直すこと，各教科の担当が，教科のもつ意味を問い直し，明確化したことです。キャリア教育の実践のために新たな活動を考えることから始めるのではなく，教師自身ができる教科学習の価値の再確認を行ったことです。

③ 教科指導のあり方・教え方についての再検討がキャリア教育の効果を

あげるために不可欠である。

キャリア教育のために，なにか特別のスキルや技法を習得しようとするのではなく，また特定の教師に任せるのでもなく，全教師が自分の第一の任務である教科指導の改善から始まったことです。

④ 教科学習の統合を図ることがキャリア教育の鍵。

学ぶ生徒の立場に立ったとき，教科間のつながりをつけることの重要性に気づき，その結果教師たちが自分の教科指導の進み具合，強調点，目標を共有することを実践したことです。

授業中，教師が教科の意味を伝えるとともに，他教科の授業内容に関係づけることを意識し，さらに，生徒の理解度や取組み状況に関心をもつようになると，生徒たちの授業中の意欲も促進されることに気づかされました。

⑤ キャリア教育は，教師集団が「自分たちが育てたい生徒像，身につけさせたい能力など」について議論し，独自の目標を立てることなしには実現できない。

キャリア教育は「キャリア教育の推進に関する総合的調査研究協力者会議」報告書（文部科学省，平成16年）で例示とした「4能力領域8能力（後述）の育成」と信じている教師が少なくないのですが，それは誤解です。例示の目的は，各学校で自分たちが育てたい生徒像，そのために発達させたい能力・態度を考えていただくための見本として提示することでした。

各学校で育てたい生徒像を具体化するのにはかなりの時間とエネルギー，忍耐力，情報探索・活用力が求められます。しかし，この議論の過程で教師たちはお互いの教育観，生徒観が交換され，教師集団の凝集性が高まることは確かです。キャリア教育は，特定の教員の意見や指導力に依存しては永続性が得られず，発展もしないようです。

教師間の相互理解ができると，授業を相互に見合ったり，生徒について

の情報を交換し合ったりすることができ，日常生活で協力し合えるようになります。

キャリア教育は教育改革の理念と方向性を示すものであるといわれていますが，日ごろから教師間での情報交換が簡単に行われるようになると，教師は自信を取り戻し，多忙感も減少し，やりがいを感じながら意欲的に働けるのではないかという感想をもちました。

⑥ キャリア教育との取組みを通して，教師たちも発達する。

コミュニケーションのための特別の講習を受けなくても，それぞれの専門教科や校務分掌を中心として話し合うことで，コミュニケーション能力は向上し，生徒との接し方，授業の進め方等，教師としての経験を提供し合うことで，教師の発達も促されました。

⑦ 中学校のキャリア教育の実践をとおして，小学校，高等学校との接続の重要性に気づく。

中学校のキャリア教育を検討していくうちに，教師たちは他の学校種のことも視野に入れるようになりました。附属明石中学校の場合は，小学校が併設されていますので，実際に連携についての働きかけが始まりました。

実際にそのような連携への働きかけが実現しないとしても，中学校の教師たちが，中学時代の学習と体験は小学校の続きであり，卒業後の生活の土台となることを認識して，中学生の指導に当たることで，生徒の進路への関心，学びへの関心に大きな違いをもたらすと思います。もちろん他の学校種に働きかけられることは望ましいです。事実，附属明石中学校を訪問した小学校，高等学校の教師たちから，学校種間の連携がキャリア教育を進めるうえで大切であることに気づいたという感想を得ることもできました。

社会環境が複雑化するなかで，義務教育段階，高等学校でのキャリア教育がますます強調されることが予想されます。事実，中学校の場合は，各地で，職場体験の実施という具体的な内容を示してキャリア教育の実践を

強調してきています。しかし他方で，キャリア教育が正確に理解されているとは言いがたい状況がひろがっていることも事実です。そのためでしょう。有名になった実践例をそのまま模倣すれば実践できると誤解している現場もあります。学力向上と逆行するのではないかという疑念をもつ保護者の声も広がっています。しかし，日常の教科指導の大切さを原点として教師たちが協力し合うことで，キャリア教育の目標が達せられることを証明してくれた本書の執筆者の実践は示唆に富むと思います。

　キャリア教育をめぐって起きている混乱の中で本書を出版することをお引き受けくださった図書文化社の社長村主典英様，そして，忍耐強く編集の労をお取りくださった東則孝様に心より感謝申し上げます。

　　　　　　　　　　2009年3月　執筆者を代表して，つくばの里にて
　　　　　　　　　　　　　　　　　渡辺　三枝子

教科でできるキャリア教育 目次
―「明石キャリア発達支援カリキュラム」による学校づくり―

序文●2

第1章　キャリア教育とは●13

1. キャリア教育の意味●15
2. 中学校におけるキャリア教育の核●20
3. キャリア教育の現状：第2段階目に入ったキャリア教育●26

第2章　教科でできるキャリア教育●29

1. キャリア教育における教科の意義●30
2. 教科における「基礎・基本」●31
3. 「道徳」との関連●32

[各教科]

1▶▶▶ 国語　心を揺さぶり，よりよい生き方へつなげる
　　　　　① 教科としての国語を学習させる意義●33
　　　　　② カリキュラムの構築にあたって●36
　　　　　③ 実践例●40

2▶▶▶ 社会　社会と向き合い，よりよい社会を考えることがキャリアになる
　　　　　① 教科としての社会を学習させる意義●50
　　　　　② カリキュラムの構築にあたって●52
　　　　　③ 実践例●55

3▶▶▶ 数学　外に開かれた数学を取り入れ，内にも外にも真理の追究を楽しむ
　　　　　① 教科としての数学を学習させる意義●65
　　　　　② カリキュラムの構築にあたって●68
　　　　　③ 実践例●72

4 ▶▶▶ 理科　自然と共存し，幸せな社会を創造するための科学的思考を育む
　　　　　1 教科としての理科を学習させる意義●80
　　　　　2 カリキュラムの構築にあたって●83
　　　　　3 実践例●90

5 ▶▶▶ 音楽　ほんとうに楽しむことができてこそキャリアとなる
　　　　　1 教科としての音楽を学習させる意義●97
　　　　　2 カリキュラムの構築にあたって●101
　　　　　3 実践例●108

6 ▶▶▶ 美術　美術を学ぶことは人間を学ぶこと
　　　　　1 教科としての美術を学習させる意義●112
　　　　　2 カリキュラムの構築にあたって●117
　　　　　3 実践例●122

7 ▶▶▶ 保健体育　生涯にわたり健康な生活を送る姿勢を身につけさせる
　　　　　1 教科としての保健体育を学習させる意義●127
　　　　　2 カリキュラムの構築にあたって●131
　　　　　3 実践例●137

8 ▶▶▶ 技術・家庭科　ものづくりで「生きる力」を
　　　　　1 教科としての技術・家庭科を学習させる意義●142
　　　　　2 カリキュラムの構築にあたって〈技術分野〉●145
　　　　　3 実践例〈技術分野〉●148
　　　　　4 カリキュラムの構築にあたって〈家庭分野〉●153
　　　　　5 実践例〈家庭分野〉●156

9 ▶▶▶ 英語　世界と対話できる道具「英語」を使って幸せになる！
　　　　　1 教科としての英語を学習させる意義●160
　　　　　2 カリキュラムの構築にあたって●166
　　　　　3 実践例●173

第3章　道徳でできるキャリア教育●179
1道徳を学習させる意義●180
2道徳教育における4つの視点●181
3カリキュラムの構築にあたって●183
4実践例●187

第4章　総合的な学習の時間でできるキャリア教育●199
1総合的な学習の時間の意義●200
2カリキュラムの構築にあたって●201
3実践例●203

第5章　キャリア教育による学校づくり●229
1．義務教育はどうなる●230
2．教員の連携なくして子どもの発達支援はできない●231
3．教師として，レベルアップをめざそう●235
4．学校のしかけ●237
5．キャリア教育を進めてわかったこと，そのメリット●240

おわりに●243

第1章

キャリア教育とは

「キャリア教育」は日本で生まれた言葉でもなければ，日本で創造された概念でもないことは周知のことでしょう。原語は1970年代初頭にアメリカ教育庁が作ったCAREER EDUCATIONです。同時に日本の進路指導関係者によって紹介され，その後，中学・高校における進路指導の目標を「あり方生き方指導」と言いかえるようになったことに，キャリア教育の影響を見ることができます。しかし進路指導の現場で，その意味がどの程度理解され，実践されたかは定かではありません。

キャリア教育を公的に日本の学校教育，そして日本社会に紹介したのは平成11年の中央教育審議会「初等中等教育と高等教育との接続の改善について」の答申です。答申が発表された当時は，学校教育の現場に実質的な影響を及ぼすほど注目されるとは考えてもいませんでした。なぜなら日本の学校現場には，これまでに数多くの新規の概念や活動が輸入されてきましたが，一時の流行で終わるものが多かったので，キャリア教育もその1つにすぎないのではないかという懸念があったからです。

アメリカでもキャリア教育について統一的見解に達するまでに10年近く必要でしたし，その後の研究や社会環境，学校行政の変化を受けて，実践内容には州の特徴が出ています。しかし，アメリカの場合は，心理学者たちによる「キャリア発達」の研究が進み，それがキャリア教育に理論的基盤を提供してきたことと，現場ではスクールカウンセラーという専門職にある者が，資格取得の段階で，キャリア発達の考え方とその実践方法について教育を受けているため，学校現場に即した発展を遂げることもできたという背景があります。他方，日本の場合は，キャリア発達の心理学的な視点も，理論的研究もごく一部の研究者の間でしか注目されてこなかったことが懸念の背景にあります。

ところが現状は，一時の流行では終わりそうもありません。キャリア教育は，いまでは，学校教育の現代的課題の1つとしての地位を得ているといっても過言ではありません。例えば，平成20年4月の中央教育審議会の

答申「教育振興基本計画について～『教育立国』の実現に向けて」のなかにも散見できます。しかし、そのキャリア教育の概念が十分理解されているとはいいがたいのです。職業教育と同じように考える人、進路指導の新しい呼び名ととらえる人、「職場体験をさせること」と解する人、また企業家教育とか、金融教育などと同義語として使っている人と、さまざまです。

　本書は、神戸大学発達科学部附属明石中学校の教師たちによる「教科学習の見直しと改革」を通して教育の改善をめざした実践研究の成果をまとめたものです。この成果を報告する意味は、教師たちが、キャリア教育という概念と出会ったことで、独自に進めてきた教育改革の方針が誤りではなかったという確信をもつことができたことです。そして、他校の教師にとっては、明石キャリアカリキュラムと出会うことによって、キャリア教育と、学力向上や教科学習との関連づけについての疑問が解け、「中学校現場にキャリア教育を導入する意義とその可能性」を確信でき、キャリア教育の意味を理解するのに役立つ情報となったと聞きます。しかし本書を活かすためには「キャリア教育の意味」を再確認していただくことから始めるほうが良いと思います。

1. キャリア教育の意味

　「キャリア教育」という文言は「キャリア」と「教育」という耳慣れた言葉から構成されているため、改めてその意味を確認せず、語感から、直ちに「キャリアについて教えること」とか、就職指導、進路指導の新しい呼び方とか、望ましい職業観を教えこむこと等の誤解のうえに実践に移されていく恐れがあります。

　「キャリア教育とはなにか」を理解する近道は、文部科学省が平成16年にまとめた「キャリア教育の推進に関する総合的調査研究協力者会議」の

報告書（以下「報告書」と記す）を参照することです。現時点において，この報告書は日本の学校教育におけるキャリア教育の準拠枠を提供する機能を果たしているからです。そこで，本書でも，基本的にはこの報告書に言及することとします。まず報告書では，キャリア教育は，「『キャリア』概念に基づき，児童生徒一人一人のキャリア発達を支援し，それぞれにふさわしいキャリアを形成していくために必要な意欲・態度や能力を育てる教育」（p.7）と定義しています。この定義は抽象的であるため，さらに次の3点に分けてその意味を解説しています。すなわち，キャリア教育は，

① 一人一人のキャリア発達や個としての自立を促す視点から，従来の教育のあり方を幅広く見直し，改革していくための理念と方向性を示すものである。

② キャリアが子どもたちの発達段階やその発達課題の達成と深くかかわりながら段階を追って発達していくことを踏まえ，子どもたちの全人的な成長・発達を促す視点に立った取組を積極的に進めることである。

③ 子どもたちのキャリア発達を支援する観点に立って，各領域の関連する諸活動を体系化し計画的，組織的に実施することができるよう，各学校が教育課程編成の在り方を見直していくことである。
（「報告書」p.8）

要約するに，キャリア教育は，キャリアの概念に基づいた教育改革の理念であり，その目標は，「個々の児童生徒のキャリア発達を促進させること，言いかえると，社会的自立の土台を築くこと」といえるでしょう。

① 教育改革の理念と方向性

キャリア教育とは，特定の教科とか活動や技法で実践される教育を指すのではなく，「教育改革の方向性を示す理念」の1つなのです。つまり，変化する社会と学校教育との連続性を意識して，教育のあり方を見直すという方向での教育改革なのです。言いかえれば，キャリア教育の場合は，

複雑化・多様化する社会環境の変化を見据えて,「自立した社会人を育てることは個人にとっても社会にとっても重要な緊急的課題」であるという社会の要請に応えることを究極的な目標としています。

　したがって,キャリア教育の実践に当たっては,「社会環境の変化の方向性を見据えること」と,「目の前にいる生徒が,将来,社会的に自立した若者となるように育てるために『この学校段階では何をしなければならないか』」を十分に議論しなければならないことになります。

② 「キャリアに基づく」ことの意味

　キャリア教育という文言で指し示す教育改革の特徴を把握するために,「キャリア」の概念が鍵となります。「キャリア」という言葉に含まれる意味は,日常の教育活動の目標,あり方,そして教師の取組み方の視点を示唆するからです。前述の報告書によると,キャリアとは,「個々人が,生涯にわたって遂行する様々な立場や役割の連鎖及びその過程における自己と働くこととの関係付けや価値づけの累積」(p.7)。と定義されています。この定義は「キャリア」という語に内包される普遍的な意味から発しているものです。他方,一般には,人生とか生き方,足跡という意味合いで用いられたり,狭義に職業経歴とか専門職という訳語が当てはめられたりしています。しかし,これらの一般的な意味と,報告書の定義とは矛盾しません。例えば,人生も生き方も,また職業経歴も「時間的流れ」,つまり,「個人の経験の累積」という意味合いが含まれているからです。狭義では,個人が遂行する諸経験のなかの職業に限定しているだけです。しかし我々の経験は「職業」だけではありません。もっと広く多様な対象とのかかわり合い行動を包含しています。

　我々がキャリアという言葉を用いるとき忘れがちなのが,「関係付けと価値付け」という文言です。この文言にはキャリアが内包するもう1つの重要な意味が表現されています。我々の日常生活はさまざまな行為（寝食から始まって,仕事や課題,遊びとの個人の取組み）から成り立ってい

す。その大半は習慣的に果たされていることが多いし，またほかの多くの人と共有する行為です。日常の行為は取り組むのが当然となっていることが多いため，改めて自分で取組み方を選び，そこに意味づけをしているという事実を認識していないことが多いです。しかし実は，個々人がその行為にどのような意味づけ，価値づけをするかによって取組み方は異なります。価値を見出せば積極的に取り組めます。その逆も起こります。

　キャリアの本質を理解する鍵は「日常生活の行為にどのような価値づけをするか，どのようにかかわるかは個人の選択に任されているし，価値づけをするのは個人の責任である」という理念が背景にあることの認識です。多くの人に共通する行為であっても，個々人によってかかわり合いは異なるので，その累積であるキャリアもおのずとユニークなものとなります。「キャリア」という言葉にはこのような意味が含まれることを理解すれば，前述のキャリア教育の定義のなかの「それぞれにふさわしいキャリアを形成していくこと」という目的を理解するのは容易なことと思います。

　キャリア教育の目的である「社会的に自立する人を育てること」とは，自分で判断し，自分の行動を決める責任を取れる人を育てるという意味です。そのためには，権威ある人の価値観や意見を鵜呑みにするのではなく，「自分で意味や価値を検討し，選択する力と，多様な価値観や考え方を認め，他者の存在を尊重する姿勢を習得すること」が土台となります。

　キャリア教育で重要なことは，望ましい意味や価値を教えることではないし，体験の種類や内容でもありません。自分が関与する体験の中に，意味と価値を見出す能力と態度（例えば，判断力，洞察力，情報や経験を精査し検討する姿勢と知識，選択したことを実行する勇気と意思決定力）を一人一人が獲得することです。つまり，キャリア教育は，各教師に対して，全教育活動のなかで一人一人の生徒が「働くこと」への意味づけや価値観（学習観，職業観，勤労観等）を形成していく力，態度そして知識を育てるのに必要な能力と，一人一人の生徒の独自性を尊重する態度，生徒の変

化と成長に気づく敏感性と観察力を向上させることを求めています。

　また，キャリアには「他者や社会，知識や文化とのかかわり合いの中で生きる個人」という意味が含まれていることを忘れてはなりません。そして，「働くこと」とは，自分以外の人，広くは社会，そして文化や歴史を含む多様な知識と「かかわる」ことなしには成しえない行為であることも確認していただきたいと思います。

　キャリア教育の視点にたつ教師の役割とは，生徒が，日々の学校生活のなかで多様な体験をし，その体験の意味づけができていけるように教育的なかかわりをすることです。日々の教科学習や学級活動が，生徒にとって未知の世界に踏み出す挑戦の連続であると考えると，すべての生徒が好奇心をもって学習し，その成果を積み重ねられるようにすること，そして，その体験（学習）の意味を見つけていけるようにすることこそ，将来の自立のための重要な土台作りとなるという理念をもって，日々の教育活動にかかわることが教師の役割であるといえるでしょう。

③　「キャリア発達」の意味

　キャリア教育を理解するためには，定義の中の「キャリア発達」の意味を把握することも必要です。「キャリア発達」は多くの人にとって耳慣れない文言ですが，キャリア教育の視点に立って教育課程を見直し，キャリア教育の具体的実践内容と方法を決定するための「枠組み」となる理論的見解です。簡単に言えば，発達的視点に立って，自分と働くこと（職業だけを意味しない）との関係を理解しようとするアプローチです。

　ちなみに，発達的視点とは，「人は誕生から乳幼児期，青年期，成人期，そして老年期を通して，その時期にふさわしい適応能力，つまり環境に効果的あるいは有能に相互交渉する能力や態度を形成していきます。」（「小学校・中学校・高等学校キャリア教育推進の手引」2006, p.6）という仮定に立って個人の行動を理解する立場です。実を言うと，各教科のカリキュラムもこの仮定に則って構成されています。キャリアが意味する価値観

の形成，主体性，社会との積極的なかかわり，自己責任性等は，ある年齢に達したら自然と獲得されているものではなく，段階をおって発達させられるものであるととらえます。

キャリア発達については，ここでは「小学校・中学校・高等学校　キャリア教育推進の手引」より引用しておきます。すなわち，「社会との相互関係を保ちつつ自分らしい生き方を展望し，実現していく過程がキャリア発達です。社会との相互関係を保つとは，言い換えれば，社会における自己の立場に応じた役割を果たすということです。人は生涯の中で，様々な役割をすべて同じように果たすのではなく，その時々の自分にとっての重要性や意味に応じて果たしていこうとします。それが『自分らしい生き方』です。また，社会における自己の立場に応じた役割を果たすことを通して『自分と働くこと』との関係付けや価値観（キャリア）が形成されます」（p.6）。

キャリア発達は，知的，身体的，社会的諸側面の発達と同様，全人格の発達の一側面なのであり，とくに「働くこととの関係の中で社会的自立に必要な側面の発達」を指し，知的，情緒的，社会的発達と相互に影響し合っています。そして，発達には，教育をはじめとした外部からの体系的組織的な働きかけが不可欠であると考えられています。「教育の意義」が個人の諸側面の発達を促すことにあると考えれば，学校におけるキャリア教育の意義も納得しやすいのではないでしょうか。

2．中学校におけるキャリア教育の核

キャリア教育が「キャリア」の概念と「発達的視点」とを土台とした教育改革を意味することはご理解いただけたと思います。そこで，次に，実際に「中学校における」実践の基本について考えてみましょう。

① 再度，キャリア発達の意味を確認

中学校におけるキャリア発達を考えるためには,「発達的」視点について考えることが前提となります。本来教育はあまねく発達的視点に立って実践されているはずであることを考えると,キャリア教育が特別なものではないことが理解していただけると思います。しかし,「社会における自己の立場に応じた役割を果たすことを通して,『自分と働くこと』との関係づけや価値観を形成していく」ことは,キャリア教育独自の目標であり,いままであまり重視されてこなかった側面と思います。

　日本では知的側面の発達を最優先する傾向が強く,知的発達が他の側面（社会的,情緒的,キャリア）の発達を促すと思い込んできたのかもしれません。「あんなに頭がいい子がなぜあんな事件を起こすのだろう」という言葉を耳にするたびに,そう思わずにはいられません。しかし身体的発達と同様,キャリア発達も知的発達で置きかえられないのです。もちろん相互に影響し合うのですが,将来自立的・主体的に自分の人生を生きるようになるためにはキャリア発達が不可決なのです。

　キャリア教育はキャリア形成（言いかえれば,将来,社会的に自立し,自分らしい生き方を築く）するために必要な能力・態度を発達させる,という目標をもった教育活動といえるのです。知的学習と同様,児童生徒の現在（学校生活）を将来（社会生活）と関係づけながら,現在の学習をとおして,将来の社会的自立の基礎を習得することをめざすのです。

② 　中学時代の生徒の特徴を認識

　子どもは小学校の高学年から中学校にかけて,成長度合が異なり,一段と個人差が大きくなるので「中学生」とひとくくりにしてその特徴を語ることは危険かもしれません。そこで,キャリア教育の実践を考えるうえで考慮しておきたい中学時代（13歳から15歳）の生徒の特徴を発達心理学の知見をもとにまとめることにします。

　　a 　「子どもでも大人でもない」宙ぶらりんな精神状態におかれている
　　b 　さまざまな面で,理想とする自分と現実の自分とのギャップ,自分

の将来に漠然として希望と不安を経験する
c 「学習(勉強)する意味」に対する迷いを経験しはじめる
d 教師をはじめ大人に対して批判的になる
e 「仲間の存在」が大切に感じられる
f 進路選択と立ち向かわなければならない

　これらの特徴は相互に関連し合っており，すべての中学生が，強弱の差こそあれ，経験していることではないでしょうか。もちろんこれらがどのような行動となって表現されるかは，生徒のそれまでの経験や現状，また個性によって異なります。中学時代の特徴を掲げた理由は，これらが個人の性格に起因するものではなく，小学校から中学校への移行に伴う急激な変化や身体的成長など，発達段階の課題が原因となっているので，個々の中学生に帰するものではなく，「中学生時代」故の特徴であり，成長するために経過しなければならない課題と考えたいものです。したがって，これらは生徒の発達を促すことも，逆に阻害する要因ともなるので，発達を促進させる教育，つまりキャリア教育が必要となるのです（渡辺，2008）。

③ 「働くこと＝学ぶこと」，【学ぶ者という役割】を確認

　中学校を含む義務教育段階のキャリア教育実践の要は「中学生にとって，働くことは学ぶことである」ということです。実はこの視点は中学生だけでなく小学生から大学生まで学校を生きる場とする若者に共通します。先に引用したキャリア発達の定義の中の「社会における自己の立場に応じた役割を果たす」という一文があったことを思い出してください。

　キャリア発達理論の構築者であるドナルド・スーパー博士は，多くの人が生涯に果たす役割として「子ども」「学生（学ぶ者）」「余暇人」「労働者（職業人）」「市民」「家庭人」があるとし，多くの人は複数の役割を同時に果たしているが，どの役割をどのように果たすかは個人の価値観と年齢や環境によって個人が選択することであり，その積み重ねがキャリアであるという知見を紹介しました。成人の職業人にとって働くことは職業が中心

かもしれませんが，ボランティアや家事，子育てという仕事にもかかわっているはずです。中学生は学校と家庭をおもな生活の場とし，「学ぶ者」と「子ども」という役割を果たしています。中学生にとって，学校は「生きる場」であり，そこでは「学ぶこと」こそ「働くこと」なのです。

　ここで，「学ぶこと」のキャリア発達的意味を考えてみましょう。生涯発達心理学の理論家であるE. H. エリクソンは，児童生徒時代を「学ぶ存在としての自己を経験する時期」と名づけました。「学ぶこと」で自己評価をし，他者から評価され，自己の存在を経験し，学ぶことで喜びや悲しみを経験する時期です。彼らにとって，学ぶという行為がその年齢の全人生に影響を与えるので，学ぶことに生産的にかかわれることが発達的課題なのです。彼らにとって「学ぶこと＝働くこと」なのです。児童生徒は，日々の生活を通して「学ぶ楽しさ，学ぶ意義を見つけ，未知の物事・知識を学ぶことへの挑戦に面白みを見出す力，学ぶことで将来の可能性を広げる力」を獲得することが，将来自立的に社会人として職業生活を生きる土台となるのです。

④　教科学習：学ぶこと＝生きること，学力の向上の意味

　前述の理由から，中学生のためのキャリア教育では，「学ぶこと」の意義と面白さを見つけられるように働きかけることは教師の役割となります。キャリア教育だからといって，なにか特別な活動を計画しなくてもいいのです。日々の全教科学習こそ最善のキャリア教育の場であることに気づいていただければと思います。むしろ，キャリア教育は全教科学習の中で展開されなければならないというべきです。

　もう1つ指摘しておきたいことがあります。それは，義務教育における教科学習は，基礎知識を習得させることで，将来の自立的生活，そして生涯学習時代に生きるために不可欠の基礎を提供する役割をもっていることです。したがって教師は，生徒が前向きに教科学習に取り組めるように尽力する義務があると思います。真の意味での学力向上はキャリア教育の目

的でもあるといえましょう。そのためには，教師は生徒の興味の有無には関係なくすべての教科を学習する意味とおもしろみを生徒に伝えられなければならないと思います。

さらに，生徒が学ぶ者としての役割を効果的に果たすためには，個々の教科のもつ意味だけでなく，生徒が自分の学習内容を統合させられるように，全教科を関連づけられることが効果的です。そのために教師たちは他の教科で生徒がいま何を学習しているかに関心をもつ必要があります。そして，教師相互のコミュニケーションを深め，生徒の学習を統合するために協働することが不可欠です。そして，未経験の仕事（学習）に興味と価値を見つけ，好き嫌いではなく，役割上取り組むべき仕事（学習）に挑戦して意味を見つけられるように，授業の教え方を改善することでキャリア教育は実現できるのです。

キャリア教育は，単に職場体験や職業の学習をすることではありません。とくに義務教育段階においては基礎知識の獲得と基礎学力の向上が，すべての生徒にとって将来の自立のために欠くことのできない体験であることを忘れてはなりません。職場体験が教科学習と統合され，教科学習を促進するように活用されるならキャリア教育として価値を発揮できるのです。

⑤ 学校こそ最も身近な社会：社会性の育成の場としての学校

我々は，あまりにも当たり前すぎるからでしょうが，学校そして学級が生徒の「生きる場」であること，そして彼らにとっての最も身近な「社会」の1つであることを忘れていないでしょうか。「社会」を「人間が集まって行動生活を営む際に，人々の関係の相対がひとつの輪郭を持って現れる集団」（広辞苑）と解するなら，学校はまさに「学ぶことをとおして自己を築く機会に満ちている場」です。と同時に「社会性を育成できる最高の場」なのです。学校，学級はまさに最も身近な社会なのです。もちろん生徒は学校以外にも「家庭」や「地域」という社会にも同時に生きていますが，学校は将来大人として自立的に生きる環境としての職業界や世間と

最も類似している社会なのです。学級のなかで繰り広げられるさまざまな活動は，学級内の人間関係のなかで行われるのです。社会性とは単に仲良しになるとか，知り合いになれることを指すものではありません。多様な背景と個性をもつ人々が集まって共同生活をすることの意義と困難さとを認識するところから始まります。学級生活を生き生きと生きていく過程で，その後のより複雑な社会に生きる力と自信を獲得できるはずです。教師は授業および学級活動を，社会性を育成できる場として活用できることを認識して，生徒に働きかけることでキャリア教育が実践できます。

⑥ 「体験の累積とその価値づけ」を促す働きかけとしての教育

「キャリア」という言葉には，「いろいろな役割を果たすことを通して得られる体験の累積とその価値づけ」という意味が含まれていることを思い起こしてください。役割というと，学級活動の役割とか学級の役割活動を思い浮かべる人が多いでしょう。確かに役割活動をすることもキャリア教育的意味をもちます。しかし，ここではそれら特定の役割だけを指すわけではありません。役割という言葉には，個人と環境とか他者とかかわりをもっていることの証拠であり，社会の一員であることの証であり，「他者への働きかけ，他者からの働きかけの手段」と考えることができます。

キャリア教育では単に役割を体験してみることに意味があるのではありません。「役割を果たすこと」で「自己管理能力」を育て，役割を果たすことの中で教科で学んだ知識を活用して，学習の意味を実感できたり，さらに「自分以外の人や社会とのかかわりの意味，他者の存在と相互依存関係の重要性」を認識し，「学びの面白さと価値」を体験することであり，社会の一員として成長する基礎を築くためなのです。

キャリア教育は，一人一人の生徒が，学校を自分の生きる社会として活用し，そこで学ぶという仕事に従事し，さまざまな役割や責任を果たしていくなかで，体験の価値や意味づけをする力を習得することを促進させる働きかけと定義することもできます。

3. キャリア教育の現状：第2段階目に入ったキャリア教育

　現在でも多くの教育現場ではキャリア教育について戸惑いを感じ，必ずしも積極的に取り組まれているとは言いがたい状況です。しかし他方で，世間もキャリア教育（その意味するところはさまざまですが）への取組みを評価するようになっており，教育関係者は，キャリア教育に納得できているかどうかは別として，実践に向かわざるを得ない段階に入ったといえるでしょう。

　何故このように期待されるようになったのでしょうか。内閣府を中心に5省の大臣から成る「若者自立プラン」にも象徴されるように，近い将来の労働力不足に対する産業界の懸念や，働くことに対する若者の価値観の変化，大人になりきれない若者の増加などに対する大人の戸惑いが引き金となっていることは確かです。残念ながらキャリア教育がフリーター・ニートと対語のように紹介されているのもそのためかもしれません。文部科学省が平成16年度から各県に研究指定地域を選定してもらい，一地域内の小・中・高等学校が協力してキャリア教育を実践するモデルの構築を促進してきました。地方自治体が独自に指定地域をもうけ，キャリア教育に取り組む傾向も散見されるようになりました。中学校でキャリア・スタートウィークと呼ばれる5日間連続の職場体験の実施を義務づける自治体も増えてきました。仕事体験施設の開設などで生徒に大人の生活を擬似体験させる新奇なイベントを学校に提供するビジネスも増えてきました。他方で総合的な学習の時間や進路指導の違いに困惑しながらも，それらのイベントに取りかからざるをえないと考える教師も少なくないと聞きます。いずれにしても，社会の関心が強まるなかで，生徒の教育に責任をもつ教師は，キャリア教育を他人事のように取り扱うことはできないのが現実です。

　城（2007）は，各地で取り組まれているキャリア教育の成果を次のよう

に評価しています。すなわち，①全教師が各々の教科や授業でキャリア発達の視点に立って独自の計画を立てて取り組み出した。②いままでの「生き方指導」とか「体験活動」などの取組みを振り返り，評価し，目標が明確になったことで自信をもって取り組めるようになった。③生徒一人一人に関心をもって接するようになった。④教師が自分の日々の授業や活動を点検する姿勢をもつようになり，改善することに積極的になった。また，⑤教師間のコミュニケーションが活発になり，以前よりも積極的，かつ創造的に日常の教育活動に取り組む教師が増えた。そして，⑥小手先のハウツーではなく，「日常の教育活動こそ重要であることを実感できた」と。

　しかし他方で，教育現場に新たな混乱を導き入れた現実を直視し，早期に対処しなければならない段階に入っていることも認識しなければならないと思います。その混乱の第一は，教師たちがキャリア教育について理解を深めることに時間をかけず，直ちにモデル校や参考書で紹介されているイベントや活動をそのまま模倣する傾向が広まっていることです。その結果，イベントをしても，その意義を教師たちが納得できていないため，やりっぱなしになり，教師も生徒も多忙な割には効果を実感できないでいたり，教科活動がおろそかになり，学力向上の課題との間で時間不足を嘆く教師も増えています。また，自己理解とか人間関係作り，コミュニケーション能力の向上等をめざすグループ活動が盛んになり，そのための特別の訓練を受けた教師とか専門家でないと実践できない活動と見られるようになりつつあることも，心配です。

　第二の混乱は，キャリア教育と進路指導の混乱です。キャリア教育の理解不足と共に，キャリア教育を進路指導の発展という解釈が広がったことが原因となって，進路選択の指導の軽視と，従来の出口指導への回帰を肯定する動向とが混在する状況が放置されています。

　第三の混乱は，キャリア教育は「職業体験をさせること」という解釈の広がりに伴い，「職業の世界に不案内な教師では実践できないもの」とい

う誤解が教師自身の中にも自治体や地域社会の中にも広がりつつあることです。その結果，外部のキャリア関連の専門家に任せきりとなり，教師は関与しないという現象さえ招いています。また，生徒にとっても，「教科とちがった目新しい経験ができる面白さ」ばかりが強調され，結果として教科活動への関心を低下させるという逆の結果をもたらす恐れが現実味を帯びだしています。このような現状は本末転倒であるにもかかわらず，この混乱の解決には関心が払われないことも実状です。

　前述した混乱は早急に解決されなければなりません。なぜならこのような混乱は，「生徒の健全な発達を促進させる」というキャリア教育の目標とは相反する結果を学校現場にもたらす恐れがあるからです。

　直面するキャリア教育の問題点は，キャリア教育自体の中に内包されているのではなく，教育関係者自身の内にあると思います。

　キャリア教育は，「すべての児童生徒に未来という時間と空間があることを認識し，彼ら彼女らが変化の激しい社会の中で『自立的に生きていく力』を育てる」ことを頭において「日々の教育活動」を改善していくことを求める運動です。この考えは決して新しいことではありません。まさに「教育の原点」を指しているだけです。キャリア教育は決して問題処理のために始まったものではありません。社会環境の変化が個人に及ぼす問題を直視し，教育の原点に立ち返って，学校教育独自の役割と機能を再確認して，行動に移すことを提言しているのです。教師が最も簡単に取り組め，効果を上げられる取組みは，「教科学習の改善」ではないでしょうか。

〈引用文献〉
○「教育振興基本計画について：『教育立国』の実現に向けて」（中央教育審議会，2008）
○「キャリア教育の推進に関する総合的調査研究協力者会議」報告書（文部科学省，2002）
○「小学校・中学校・高等学校　キャリア教育推進の手引」（文部科学省，2006）
○渡辺三枝子『キャリア教育――自立していく子どもたち』（東京書籍，2008）
○城　仁士編『キャリア教育の本質に迫る』（雇用問題研究会，2007）

第 2 章

教科でできるキャリア教育

1. キャリア教育における教科の意義

　第1章にあるように、キャリア教育を行ううえで教科学習は非常に大切なものです。教科というものは、人がよりよく生きるために必要とされる知恵などが長い時間の中で学問的に整理され、それらを人の発達段階に応じて文化的に身につけさせるものですから、当然といえば当然のことでしょう。ところが、こうした教科というものが生み出された背景は何なのか、そして、これらの教科がめざすところはどこなのか、などといったことは、意外と考えないものです。

　教科というものの定義は定かではありませんが、「人格の完成をめざし、平和で民主的な国家および社会の形成者として必要な資質を備えた心身ともに健康な国民の育成を図るために必要不可欠なもの」であり、「学習指導要領に規定され、そこに示された目標や内容を定められた時間数で、各学校の実態や子どもたちの発達段階に応じて展開するもの」であるととらえてよいでしょう。

　そこで留意しなければならないのが、「教科ありき」という前提に立たないようにすることです。教科担任制をとる中学校では、とくに留意しなければならないでしょう。現在の教科の枠組みは、第二次世界大戦後に確立されたもので、それ以前のものとは大きく異なります。つまり、教科は普遍的なものというわけではないのです。したがって、いまある教科について、その意義やめざすところを考えてみることが大切なのです。

　各教科は、それぞれに教科の本質というものがあり、だからこそ、それぞれの教科として存在しています。しかし、先に述べたように、「教科ありき」という立ち位置では、教科の本質というものを考えることはなく、したがって、その教科を学習させる意義は何なのかということもさほど考えることはないでしょう。このようなことでは、学習の主体者である子ど

もたちが，その教科に価値を見いだしたり，学習する意義を感じることはまずあり得ないのではないでしょうか。仮にあったとしても，それは，教科の本質とはほど遠く，「受験のため」などというものかもしれません。

各教科には，その教科だからこそ身につけさせることができるものがあるはずです。そしてそれらは一人一人のよりよい生き方につながり，キャリアとなるのです。自分が専門とする教科の本質は何なのか，その教科を学習させる意義は何なのか，この2点を常に念頭においてカリキュラムを構築し，授業を展開することが，キャリア教育にとっては欠かせないことなのです。

2. 教科における「基礎・基本」

教科における「基礎・基本」とは何でしょうか。これにはさまざまな考えがあり，定義も定かではありません。したがって，その答えを出すことは永遠の課題といえるかもしれません。

本来，「基礎」と「基本」は分けて考える必要があるはずなのですが，これもなかなかむずかしいことです。とはいうものの，「礎としてあるからこそ教科として成立するもの」なのは，だれもが一致するところでしょう。これは裏を返せば「礎がなければ教科として成立しない」ということになりますから，それぞれの教科において，「礎とは何なのか」を考える必要があります。

これまでの学習指導要領には，そこに示された内容を「上限」としていたものもありました。しかし新学習指導要領では「必要最低限（ミニマムスタンダード）」としていますから，これを教科における基礎・基本ととらえる考え方もあります。ただ，学習指導要領はこれからも改訂されていきますから，鵜呑みにするのではなく，「礎としてあるからこそ教科として成立するものは何か」ということを常に見つめ直さなくてはいけません。

それが教科の本質に，そして子どもたちのよりよい生き方につながるのではないかと考えます。

3.「道徳」との関連

　新学習指導要領の総則にある道徳教育に関する項目には，これまでの「学校の教育活動全体を通じて行うものであり」との文言の前に，「道徳の時間を要として」という文言が加わりました。つまり，「学校における道徳教育は，道徳の時間を要として学校の教育活動全体を通じて行うものであり，道徳の時間はもとより，各教科，総合的な学習の時間及び特別活動のそれぞれの特質に応じて，生徒の発達の段階を考慮して，適切な指導を行わなければならない」となったのです。

　道徳教育は，人の生き方についての学習ですから，学校教育の要となるのは当然のことでしょう。しかし，各教科もそれぞれの本質は人の生き方にかかわるものであるはずです。したがって，各教科においても，それぞれの教科での学びはよりよい生き方につながるものであるということを，子どもたちに実感させなければならないのです。

　教師が自分の実践している教科の授業を見つめたとき，果たしてどれくらい道徳教育を意識して授業を展開しているでしょうか。また，生徒は教科学習で学んだことが，どれくらい自分のよりよい生き方につながる，つながっていると感じているでしょうか。「いま学習していることは，いつかは役に立つ」というのでは生徒は納得しないでしょうし，その発言自体がキャリアというものを理解していないことの証となります。

　道徳の時間は，全教育活動での道徳教育を「補充し，深化し，統合する時間」です。この意味からも，各教科は道徳教育との関連を意識し，そのうえで，「これに関しては，この教科だからこそ学ばせることができる」というような授業を行う必要があるのです。

1 ▸▸▸ 国語

心を揺さぶり，よりよい生き方へつなげる

1 教科としての国語を学習させる意義

◆「文化」としての言葉を学ばせる

　人類が文明を築き上げられた要因の1つとして「言葉」をあげることは異論のないところでしょう。生き物が集団生活を行ううえで，仲間と情報を伝達する手段は当然必要です。そうして生まれたのが言葉です。つまり，言葉の本来の役割は情報の伝達だといえるでしょう。ただ，文字の発明以降，言葉によって伝えられる情報は歳月や距離を超える力をもちました。

　そうして，地域による生活の違いなどに影響されながらさまざまに形を変え，今日の言語は形作られてきたといえるでしょう。当然そこには人々の生活が反映されています。言葉の変遷をとらえていくとき，その時代の人々の暮らしがありありと浮かんできます。教科として国語を学習させる意義の1つは，ここにあるといえるでしょう。つまり，文化としての言葉を学ぶということです。

◆受け手のことを考えた言葉の使い方を学ばせる

　現在の社会においては，ある人が発した言葉は，瞬く間に広がっていき

ます。それは，発する側の想像を超えるものかもしれません。顔の見えないところで伝わってくる言葉は，使い手の意図とは違う意味でとらえられ，何らかの摩擦を生んでしまう場合があります。

　そこで，そういった誤解を生まないためにはどうすればよいかを考えながら，受け手のことを考えて言葉を使えるようになる。これが意義の２つめです。つまり，言葉の正しく有効な使い方を学ぶということです。

◆言葉の正しい受け止め方を学ばせる

　しかし，使い手がいくら正しい使い方をしたとしても，受け手にそれを正しく受け止める力がなければ，会話は成立しません。話し手の意図や感情を言葉から読み取る力は，話し手との距離が遠ければ遠いほど必要になってきます。グローバル化が進む現代においては，ときには異なる文化や慣習をもつ人々との間で，会話をしなければならない場面もあるでしょう。

　そういった場面においても，その言葉に込められた相手の思いを正確に理解できるようになること。これが意義の３つめです。つまり，言葉の正しい受け止め方を学ぶということです。

◆過去と未来のつなぎ方を言葉を通して考えさせる

　また，よく「日本人は日本を語れない」といわれますが，新学習指導要領では，「伝統的な言語文化と国語の特質に関する事項」が内容としてあげられています。言葉を学んでいくと，その国の人々の心情や生活，風習などが自然とみえてきます。そう考えると，これまでの中心だった作品の読解，知識の伝達の国語の授業を見直さなくてはなりません。大切なことは，知識としての言葉ではなく，言葉の変遷を学ぶなかで自分たちを見直していくことなのです。自分たちの過去と未来をどうつなぐのかを言葉を通して考えることが，最後，４つめの意義であるといえます。

◆よりよい生き方を探求する態度の育成

　こうして考えてみると，国語を学ぶことは，他者とのかかわりをもつための基本的な力を身につけることであるといえるでしょう。学習指導要領

にある「A話すこと・聞くこと」「B書くこと」「C読むこと」は，人間が社会とかかわりながら生活を営むうえでの基本的な力です。しかし，目標としてあげられているのは，一人一人が考えを広めたり深めたりしようとする態度や自己を向上させようとする態度を育てることなのです。

　国語という教科は，言葉を学ぶなかで自分と他者の違いに気づいたり，他者とかかわるなかで自身の考えを広げたり深めたりしていくこと，つまり，さまざまな文章を読んだり，人々との会話や討論などのふれあいを重ねながら，人としてのよりよい生き方を自ら探し求めようとする態度を身につけさせることだといえるでしょう。

◆**心を揺さぶり，よりよい生き方へつなげる**

　ここ数年，国語力の低下がよく話題にのぼりますが，その原因の１つは社会様式の変化であると考えられます。技術の発達は，物質的な豊かさをわれわれにもたらしてくれました。そうしたなかで人々はだんだんと，「もの」の後ろにある「ひと」を感じられなくなっていったのではないでしょうか。便利さは人と人との関係を希薄にし，距離を遠くしていきました。極端にいえば，１人で何でも手に入れられるという錯覚を抱かせたのです。この状況では積極的に他者とかかわろうとする意識はなかなか育ちません。

　多くの情報のなかで，一つ一つの言葉をきちんと受け止められないのも現状です。実は，このことが国語力の低下につながっているといえるのではないでしょうか。国語力不足は情報を正確に読み取り分析する力の不足ではなく，言葉を発した「ひと」を感じる力の不足なのだと思うのです。

　「ひと」は，何かしら他者とかかわりながら生きています。そのために言葉は欠かせません。また，人々が生き方を判断するためにも言葉は重要です。さまざまな感情も，人は言葉にして初めて味わうことができたり，人と共有できたり，乗り越えたりできるのだと考えます。国語を教えることは，さまざまな教材を通して，心を揺さぶり，よりよい生き方へつなげようとする心を育てることなのです。

2 カリキュラムの構築にあたって

POINT❶ 言葉を感じさせる

　国語の授業において，言葉の意味を知ることはとても大切な要素です。語彙を増やし，表現の幅を広げるからです。ただし，○○という言葉の意味は，辞書に「×××」と書いてありますから，「×××」です。というのでは言葉を学んだことにはならないでしょう。言葉は使うことができてはじめて学んだといえるのです。そこで，言葉を「感じる」なのです。単なる意味調べで終わるのではなく，言葉のもつ意味の広がりを感じさせるために，調べる→使う→まとめる，という一連の流れを繰り返し行います。
① 　調べる＝辞書などを有効に活用して，その言葉の意味を知る。
② 　使う＝どんな場面で使うことができるかをシミュレーションする。
③ 　まとめる＝場面設定なども踏まえて例文として残す。
といった内容です。このことで身につけさせたいのは，自分の言葉で意味を理解しようとする姿勢です。つまり，辞書に載っている表現だけでは伝わりきらないものを，自分なりに表現していくことで整理しようとする態度を身につけることです。これは，言葉のもつ意味の正確な理解を促すとともに，使える力を育てることになります。このことが，ものごとのとらえ方の基本となる力につながっていくと考えます。
　このような授業を仕組むことで，新しい言葉に対しての接し方が変わってきます。カードで覚えた言葉は取り出すのに大変な労力がいります。しかし，こうして言葉のまとまりとして覚えたものは，日常生活のなかで使うことができます。こういうと「日常使わないものは忘れてしまうのでは」と思われるでしょう。それはそれでいいのです。知らないと感じたときに，それを調べて理解しようとする態度を育てることが大切です。

POINT❷　言葉を紡ぐ楽しさを感じさせる

　「近ごろの子どもたちは，単語でしか話さない」などとよく耳にします。それには，さまざまな原因が考えられます。なかでもいちばんの原因は，経験不足であるように感じます。自らの言葉で語るという経験を，小さいころにしていない子どもが多いからではないでしょうか。

　言葉を紡ぐ楽しさを感じるとは，簡単に言えば，伝わることを実感させることです。自分の考えや気持ちに最も近い表現を見つけ出そうという過程を経ることで，言葉選びはもちろん，助詞の使い方，修飾語と被修飾語の位置，表現技法の使い方などを工夫しようとする態度を育てることなのです。このことは，自分の気持ちを自分なりにきちんとまとめることにもつながり，自己理解を深めるという効果もあります。

　さて，実際の授業における活動としては，「①与えられた材料（文章）を自分の言葉で言いかえる」「②風景を言葉で語る」「③資料から読み取ったことをまとめる」「④意見文を書く」などがあげられるでしょう。

　①に関しては，とくに古典の現代語訳を行うときによく用いますが，同じものを用いても，表現には一人一人の生徒の個性が表れます。ほかの人の意見を聞いて比較をしたり，自分の発言，発表に対する反応を感じたりするなかで，より自分の考えや気持ちに近いものを見つけ出し改良していき，みなに伝わったときの心地よさを感じる。それが言葉を紡ぐ楽しさを感じさせることなのです。

　②は，絵や写真を言葉で語るというものです。私たちが１枚の絵や写真を見るときには，一人一人着眼点が違います。ですから，当然それを表現する順序も変わってきます。聞き取った内容で絵を描かせると，発表者の着眼点がみごとに表れるので，自分自身の受け止め方を確認できるとともに，表現の違いによる受け手の印象の違いを感じることができ，表現の幅を広げることにつながります。

POINT❸ 「一見」を超える「一聞」「一読」

　言葉を受け止めるときに，「聞く」場合と「読む」場合では大きく違ってきます。聞く場合はその抑揚や強弱によってある程度伝わってきますが，読む場合は抑揚や強弱は前後の文脈などから想像するしかありません。この想像する力が，いまの子どもたちには不足していると感じます。

　現代社会は，メディアの時代です。とくに画像通信技術の発達は，さまざまな情報を視覚的に確認できる便利さを私たちにもたらしてくれました。「百聞は一見にしかず」という言葉がありますが，目で見る情報はどんなによく書かれた説明の文より雄弁です。現代の子どもたちは，視覚刺激に慣れすぎているため，小説よりも漫画，ラジオよりもテレビ，「教えて」よりも「見せて」なのです。

　しかし，目で見たものは多くの情報を含んでおり，実は漠然とした情報でしかないのです。それを細分化し，必要な部分のみを抽出していったのが言葉による情報だといえます。例えば，「きれいな夕日が沈んでいった」という文を読んで，夕日だけを思い浮かべるようなものだと思ってください。クローズアップされた夕日だけが映し出されても「美しい」とは感じないでしょう。実は，夕日の美しさを際立たせるほかのものがそこにはあるはずです。そうした周囲のことも含めて情景を思い浮かべることができるかが想像する力なのです。もちろん，聞く場合にも想像力は必要です。何となく元気がないように感じたなどという経験はだれにもあるでしょう。ただそこには，声という情報が付加されているだけなのです。

　授業においてこの力を育てるには，「①物語の続きを書く」「②詩歌（とくに短歌や俳句）の前書きを書く」「③詩歌を物語にする」といった課題が有効でしょう。③の「詩歌を物語にする」では生徒の文章を書く力の差が影響する場合が予想されます。そのときにはグループ活動にするなどの工夫は必要でしょうが，けっこう楽しい学習になると思います。

POINT❹ 心を感じる受け手，心を伝える送り手

　言葉を受け止めようとするとき，言葉に込められた話し手の心を感じることが最も大切なことです。どんな言語を使うにせよ，激しい感情は，強く激しい音声となって発せられるはずです。言葉は通じなくても，怒りや悲しみの感情は，おそらくだれでも感じることができるはずです。ではもっとおだやかで，静かな感情はどうでしょう。また，それが文字にされていたらどうでしょう。使い手の心を完璧に理解できる人は，おそらくいないと思います。それが言葉の限界だからです。

　ところが，その限界を理解していないと，「他人は自分を理解してくれない」と悩むことになります。客観的な事実だけ述べた文でさえ，なかなかうまく伝わらないのですから，そこに感情が入ってくれば，正確に伝わることのほうが，ある意味奇跡と呼べるかもしれません。人は程度の差はあれ，言葉を自分の物差しで測って解釈します。その物差しの目盛りが，他人とあまりにもかけ離れていると誤解が生まれます。人と言葉を交わすとき，相手の物差しに合わせて言葉を発したり受け止めたりできれば，言葉はその力を十分に発揮するでしょう。

　では，どうすればその物差しをそろえることができるのでしょう。1つは，自分の感じ方を知ることです。ある感情表現があったとします。その受け止め方をほかの人と比べたときに，同じなのか違うのかを知ることです。それが違うことは悪いことではありません。違うということを知っていることが大切なのです。

　もう1つは，自分の表現のくせを知ることです。共通の話題について話すとき，ほかの人と比べてみると，自分の表現の特徴がわかります。比喩が多い，倒置が多いなどさまざまですが，それを比べてみるうちに自分のくせがわかってきます。こうして，送り手としての自分，受け手としての自分を理解していくというわけです。言いかえれば，多くの他人の受け止

め方や表現の仕方を知っている，ということにほかなりません。

　実際の授業で考えると，「①文の中の感情表現を，自分の経験でたとえてみる」「②フキダシに言葉を入れよう」といったものが考えられるでしょうか。①はできるだけみなにわかる場面でたとえさせるという工夫が必要かもしれません。②では，優劣の評価ではなく，表現の違いを楽しませるという授業が望ましいでしょう。

　ここまで，いろいろとあげてきましたが，最近の子どもたちは，言葉で遊ばなくなったと感じることがあります。小さいときから言葉に親しみ，言葉と戯れる環境があれば，自然と身につく力もあると思います。しかし，そのような環境が用意されていないのが現実です。目の前の子どもたちが生きていく未来の社会に，「ひと」に寄り添った言葉を渡していくために，国語という教科はいっそう重要な役割を任っているといえるでしょう。

3　実践例

1. 落語で学ぶ日本語

　落語は日本の伝統的な庶民の文化です。最近では，女性の落語家も現れるなど，根強い人気があります。その要因としては，話の中に登場する人々がごく普通の人々であることがあげられるでしょう。つまり，日常の人々の営みの中にある面白さ，おかしさを強調したものであるからともいえるのではないでしょうか。

　この単元では，話の面白さではなく，そこにいたるまでの登場人物の会話に着目し，その会話が全体の中でどのような役割を果たしているのかを考えることで，なにげない会話の中に隠された，知らず知らずに感じ取っていた「何か」を明らかにさせることを目的としました。そして，それを意識しながら自分の言葉に置きかえて表現することで，交わされる会話の

意味や,そこに表れる人となりを実感させることができればよいのです。また,ほかの生徒の発表を聞くなかで,言葉のとらえ方,表現の仕方など,自分との違いを感じさせることで,言葉に表れる「ひと」を意識させられると考えたのです。そのうえで,自らを語るときのヒントが見つけられることを目標として展開を考えました。

さまざまな表現は,他者を意識した自己の感情や思想の表出です。また,落語という文化を通して,そこから現代に息づく日本人の心を感じることで文化理解につながると考えられます。会話に注目し,発言者の立場に立つことで,自分との違いを認識して,他者を受け入れる気持ちをもたせられるでしょう。このような経験を重ねていくことで,さまざまな表現活動の場面において,生徒たちが常に他を意識した,豊かな会話を心がけられるようになっていくと考えました。

では,実際の流れにそって話を進めます。

単元の目標は,「落語の会話から登場人物の人間性をとらえる」と「会話の役割を考えながら自分なりの落語を作る」としました。

単元の展開は7時間とし,3次で構成しました。

◆第1次　落語を鑑賞して大事な会話を探そう（1時間）

まずは,落語というものについて,その成り立ちや歴史をワークシートを使って簡単に説明し,その後,ビデオメディアを使い,落語を鑑賞させました。なかには,落語を初めて見聞きする生徒もいて,とくに古典落語と聞いただけで,古くさくて難解であるようなイメージをもった生徒も数名みられました。記入用のワークシートを配布し,1度目は,とくに気になった会話を書きとめさせました。

◆第2次　会話から感じられる人間性について考えよう（2時間）

各自が抜き出した会話（気になった会話）を,ワークシートに,「①人間性が感じられる会話」「②話の流れを左右する会話」「③さげにつながる会話」「④その他」というふうに分類させましたが,この作業は,一つ一

つの会話の役割をしっかりとらえさせるとともに、ほかの生徒たちと比較するなかで、共通に取り上げているもの、自分だけが取り上げているものから、自分がどういったところにこだわりをもって話を聞いているかを感じさせる目的も含んでいます。これは、当然、後半の表現のところでも、それぞれの力点が異なっていく元になるものです。さらに、分析を進め、自分がその表現を取り上げたのは、言葉の力なのか、それとも話し方にその力があるのかといった点についても考えさせました。

◆第3次　会話を自分たちなりの表現に直し発表しよう（4時間）

　ここでは、2次で見つけた①〜③の会話が含まれる部分を、いまの自分ならどう表現するかを考え、文章化させました。自分たちの言葉に直すためには、その場面や相手をイメージできないといけません。この活動が最もむずかしく、かつ重要なのです。そのため十分に時間をとりました。つまり、ポイントになるのは、人物像をしっかりつくり、その人物ならどういった話し方をするかといったイメージを自分なりに再構築して、それぞれのせりふに反映していくということなのです。

　その後、各自の書き直した落語を発表させましたが、言葉遣いの違いや抑揚の差、声の大きさなどの表現の違いによって、感じられる人間性が微妙に違ってくることをほとんどの生徒が感じられたようでした。

　発表を終えた後、それぞれの感想メモをもとに、「①会話を成立させるために必要な要素とは？」「②『豊かな会話』とはどんなものか」③「『豊かな会話』をするために、必要なことは」「④この授業で感じたこと、わかったこと」を話し合わせました。そこで出された感想としては、

　①について……・話題（共通するもの）・相手・筋書き・相づち・ジェスチャー・その人に合う言葉・雰囲気
　②について……・話がはずむ・楽しい・共通の話題・共感できる
　③について……・いろいろな表現方法・語彙力・相手のことを考えた表現・考えられる力

④について……「いろいろ考えなければいけないことがあって大変」「日本語は奥深い」「会話では，相手のことを考えた表現を使ったり，表現方法を考えてやっていけば楽しめる」「会話には人間性が表れる」「全員が楽しくなれる会話を心がけることが大切だ」「メールよりも実際顔を見て話したほうが伝わりやすいと思った」「日本語は面白い」といったものがあがりました。

　どの生徒も表面上の変化だけではなく，相手のことを考えた会話の変化が話を円滑にし，豊かで楽しい会話へとつながっていくことをあげています。また，その延長線上にある，日本語の奥深さや，そもそもの落語の面白さについての意識の変化がみられました。

　このことから，生徒の言葉に関する感性や能力は，けっして衰えているわけではなく，経験の不足によるところが大きいのだと再認識しました。

2. コミュニケーションを正常化する学習　「言葉の力，その光と影」

　日本語における，電話と手紙は，通信手段という点では同じ分類項に属すると思われがちですが，そこで用いられる言葉は，「書き言葉」と「話し言葉」という点で大きく異なるものです。

　電子メールや携帯メールは，相手の不在を気にすることなく電話のように家庭や職場から容易に発信でき，しかも記録が文書として双方に残るというメリットがあり，また対面しないことで，言いにくいことなども気にせず伝えられるという点で，急速に契約社会化してきた日本社会に浸透しました。

　さらに，子どもを狙う犯罪が増えるなかで，ネットワークで子どもたちを守る意識と需要が増大し，移動通信会社もこぞって情報端末を持つことによるメリットを，危機管理の立場から家庭向けに宣伝しました。日本の家庭は批判的であった子どもの携帯電話所持を簡単に受け入れはじめたの

です。そして携帯抜きでは語れない子ども社会ができてきたのです。

　そのような子どもの社会の中で，想像以上に深刻な問題が見えてきました。対人関係における認知の偏りを原因とするさまざまな問題です。異常にメールの世界にのめり込み，日常が犠牲になってしまったり，常に他者に依存していなければ現状に自信がもてなくなってしまう子どももいます。感情の起伏が異常に激しく，「大好き」や「死ね」といった言葉が唐突に出現したり，笑顔で接しながら強烈な悪意を見せたり，信頼を口にしながら同時に中傷の文言を発信するといった危険な人格形成がなされつつあるのです。この状況を言いかえれば，社会が人間不信を位置づけ，子どもたちの心に負のキャリア発達が記されていく負のコミュニケーション社会といえるでしょう。

　このような，負のコミュニケーションの侵入に立ち向かうためには，子どもたちに，日本語を科学的に認識させるとともに，言葉そのもののもつ力を畏れて「言霊」と呼んで不用意な発言を避け，一語一語の重さを自覚しながら表現してきた日本人の心に気づかせ，思いやる心をもって発信と受信を意識させるような国語科の単元が，いま，要請されているのです。

　本稿では，自己と他者との立場や考えを把握し，確かな意図と意識をもった表現能力をもって他者にかかわっていくことが，今日の人間関係を円滑に保ち，社会の中で生き生きと生産的活動を継続していく基盤となるものであることをリアルな学習材を用いて展開した，1・2年生の例を掲載します。

◆**実践2の①「自分たちのいまを見つめて～コミュニケーション・心と言葉」（1年）**

　さきに述べたように，現実と虚構の世界が入り混じり，その判別のつかない二重構造の世界を子どもたちがさまようようになってきた現在，単に情報リテラシーの習得や道徳教育の強化だけでは，これからの子どもたちの正しいキャリア発達を保障することはできません。言葉そのもののもつ

力と，それらに真摯に対峙しつつ受信・発信していく姿勢を，心と言葉の関係について新たな角度から見直すことによって気づかせ，他を思いやる心での発信と受信を意識させなければならないのです。

　１年生では，「情報」関連の学習として，新聞というメディアについて，批判的精神の必要性を学習した後，コミュニケーションについての学習に入りました。単元の目標は，「言葉の発信について，注意すべきことを明確にする」ことと「自らの生活を省みて，心と言葉にかかわる問題点を明確にし，改善への方向を考える」こととしました。単元の展開（全６時間）は，以下のように，３次の学習場面で構成しています。

○第１次　物語の中のコミュニケーションを観る（１時間）

　「悲しい出来事（中学校での女子のいじめ）」の場面を描いた漫画（せりふを消してある）を見て，フキダシにせりふを入れながら，自分なりに場面のコミュニケーションを創作していきました。

○第２次　「悲しさ」の原因を考えよう（３時間）

　第１次で見た漫画「学校でのいじめ」を取り上げ，班内でせりふを決定し，実演（録音）するなかで，「なぜ，このせりふに行き着いたのか」「どこが人を悲しませる原因か」を考えていきました。その際，表情や言葉に注目し，Ａ「関係者の力関係・対面の有無・状況発生の原因」，Ｂ「使用する言葉」などの面から検証していきました。

○第３次　言語生活を見直し，心を伝える言葉で手紙文を書こう（２時間）

　ここでは，相手を悲しませるような発信をした相手を想起し，書き言葉を意識して伝えなければならないと考える内容をていねいに書いていきました。手紙を書くなかで，素直になっていく自分を自覚させる必要があったからです。

　書いていくなかで，メールと手紙の違いを実感としてとらえ言葉を選ぶ配慮や，感情を落ち着かせる「間」をもたない話し言葉のみのコミュニケーションが人間関係に与える影響を落ち着いて考えることができました。

このような学習を通して，生徒たちは，コミュニケーションが，言葉だけでなく，状況の中で，表情・口調・身振り・風体など，あらゆる環境を背景にしてなされていることに気づいていきます。悪意に満ちたコミュニケーションは，それらの条件を満たしつつ受け手に大きな悲しみや混乱を投げつけているのです。それに気づいた生徒たちは，心と言葉の大きな結びつきを感じ，心を伝えるということは，言葉や行為，それら単独でのコミュニケーションでは成しえないことを理解していきました。私たちが真意を伝えるには，常に「心をこめて」といわれる，おおいなる努力が必要であることに気づいたとき，日ごろから心をつくして人と接することの大切さを理解してくれたことと思います。

◆実践2の②「言葉の陰に潜む力を知って」（2年）

　2年生では，単元の目標に「日常を顧みて日本語のもつ特色について認識する」ことや「言葉の発信について，日本語としての留意点を明確にする」こと，「自らの生活を省みて，心と言葉にかかわる問題点を明確にし，改善への方向を考える」ことをおいた単元を組みました。単元の展開（全10時間）は，以下の6次の学習場面で構成しました。

○第1次　日本語使用の現状について意見をもち，討論する（2時間）

　本次では，さまざまな問題を含む「日本語会話の現状」を，日本語のもつ特色を暗示するような場面を提示して知らせ，導入としました。そして，言葉使用に際しての自らの立場の意見を明確にするため，日本語使用に関してのテーマ（例：「ら」抜き言葉の是非，敬語の誤用）などを選択し，同じ立場に立つ者でグループ討議を行い，さまざまな意見を集めて討論に備えました。また，反論を想像し，その主張を想定させたうえでグループ討論を行いました。

○第2次　日本語使用の現状から「日本語の特色」を発見する（2時間）

　導入で提示した諸現象の原因と日本語の特色との関係を考えさせ，現在や今後の文章生活や会話生活に対する各自の意見をもたせ，日本語のむず

かしさを明確にしていった結果，現在の子どもたちが感じる日本語の特色に由来する日本語のむずかしさが「語種の多さによる語意の理解と使い分け（同音異義語なども含む）・句読点・主語述語の置き方，読み取り・漢字の使用・状況に応じた語句の使用・助詞・助動詞の使い方・漢字の読み書き」など，多岐にわたって存在することがわかりました。

○第3次　自身の言語生活から，新たな問題点を確認する（1時間）

　言葉やコミュニケーションに関して，身の回りで深刻な事態を招いているものとして，「言葉の刃」や「インターネットの陥穽」などをイメージしているのは，実際に被害者となった自分を意識している一部の生徒でした。けれども，幾人かのメールによる被害者の言葉を導き出したり，「ネット社会の実情」を示すさまざまな文章（例：「ブログに見られるネットでの悪口」「転送しないと殺されるチェーンメール」など）や新聞記事による実例を読むことで，生徒に，いまの自分たちが考えなくてはならない，心と言葉が結びついた問題であることに気づかせていきました。

○第4次　「着信」する言葉（対面なし）の実情と性質をとらえる（2時間）

　インターネットや携帯電話が登場して以後の手紙と電報しかなかった時代にはなかったさまざまな社会問題や事件について，班で話し合わせ，分担して，それらが具体的にどのような問題を引き起こしているか，秋休みを利用して調べ学習をさせました。すべてが「言葉」にかかわるものではありませんが，生徒が受信（入力）する情報の実態として取り上げさせました。

○第5次　メール等の実情を探り，社会的影響を話し合う（2時間）

　それぞれの事象・事件などについて，調査した内容について発表しましたが，事件の原因をどのように受け止めているかについては，「書いた本人の責任・おのおのの性格が悪い・腹を立てることが多い世の中が悪い・表現能力がない・悪意に満ちている人が多い」など，とりあえず自分とは結びつかないような意識でとらえていました。そこで，メディアから着信

する言葉遣いについて，「話し言葉」「書き言葉」に分けて日常の会話生活との比較から違いを考えてみました。電話による振り込め詐欺や「なりすまし」，葉書による架空請求といった問題もありますが，多くの問題が，モニターや携帯の画面を経由して発生する事件・問題であることがわかってきました。そのうえで，現在，中学生のなかでも大きな問題となっている「メール」にかかわる事件や問題に焦点を絞っていきました。

○**第6次　言語生活を見直し，心を伝える言葉の発信を決意する（1時間）**

メールする側の属性を知り，受信者の立場になって危険の原因を考えるには，メールと手紙を比較し，表現の差異を理解する必要があります。そこで，同じ対象・内容の文面をメールと手紙で比較し，違いを書き出し，出来上がった文面を対象別に内容で分類し，それぞれの言葉遣いの違いを確認し合いました。

その際の観点は，「使用語句・文字・内容の具体性・文の長さ・文の量」としました。また，内容は，「怒り」の感情が「いじめ」を誘発しやすいのではないかと考えて，「下級生や知り合いではない他校生・少し腹の立つ同級生に注意や非難をする」という内容条件のメールと手紙を2枚のカードに書かせました。メール発信時の状況や心情を推量できるように，出来事の状況なども明記するように指示しました。個人が特定されたりしないように注意し，これまでのメールにかかわる個々の生徒についての被害状況を把握しておき，被害生徒に心的影響が出ないように配慮しました。

これまでの学習で，依頼や照会，お礼などの手紙は書いてきましたが，「怒り」の心情を伝える文面がまったく作れない状況を見ました。メールも手紙もほとんど同じ文面が多く，「話し言葉」化してしまうと同時に，「身内の言葉」遣いで書いています。そこで，ほかの内容（謝罪・依頼・お礼など）の手紙例を書かせて，その違いを明確にしていきました。

◆**①②を通じてねらうこと**

学習の前半にあたる単元では，ツールとしての日本語を，民族文化の中

枢となる論理的な文化としてとらえていくことで，道具を使う側の問題として，現状を認識させました。後半では，コミュニケーションが，常に「自己」と「他者」（自己の中にいる他者も含めて）においてとりかわされているもので，それは今回の学びのように，「環境（状況）・文化」に操られる場合が多いことを知らせました。それゆえ，自分の性向や価値観をしっかりと見つめ（自己理解），自らを統制し，理性的な判断をする（自律）ことによってコミュニケーションは成り立っているということを教えたいと考えました。立場や個性，能力を認め合い，他者を尊重しようとする態度（他者の受容）がコミュニケーションを支えていることに気づかせることが，子どもたちのよりよい生き方を支援することなのです。

◆いま見直される，「言葉の力」

今日の通信手段は，常に自己が中心にある一方的な発信能力であるといえます。そこには，他者との共生をもとに発達してきた「思いやる心と言葉」の放棄という危険が潜んでいます。チャットやブログに代表される自己満足的な表出能力は，いったん自己を拒否されたとき，現状把握と妥協の姿勢を完全に失います。つまり，相手の理解を促すための一時的妥協すらできず，やがて自己を閉ざしてしまい，ついで，より攻撃的で排他的な表現をもって敵意を表明するという傾向となって表れてくるのです。

今回の学習指導要領改訂では，「言語活動の充実」「伝統的な言語文化と国語の特質に関する指導」という方針・課題が与えられました。書き言葉と話し言葉という文化をもつ日本語において，書き言葉はやはり「書く」ことによってその力が発揮されることが再認識されたからにほかならないのです。子どもたちにとって必要な「言葉の力」が，経済や効率といった「正しいか誤りか」「適当か不適当か」というレベルのみで語られるのではなく，文化や心情を中心にした「美醜」のレベルにまで踏み込んで，思考や判断の「間」とともに働くものだということが認識されてきたということなのでしょう。

2 ▸▸▸ 社会

社会と向き合い，よりよい社会を考えることがキャリアになる

1 　教科としての社会を学習させる意義

◆現実社会と向き合い，学びを生かす

　現代社会はどんどん発展・進化をとげ，いまでは大変便利な生活を送ることができるようになりました。しかし，そのために犠牲にしたことも多く，急激な変化や膨大な情報，新しい機器の操作などに我々が振り回されている現状があります。

　また，あまりにも急激な変化が未来の予測を困難にし，私たちに先行きの不透明感を与えています。世の中の主役はあくまでも人間であるはずなのに，お金や組織などにとって代わられた感もあるほどです。

　だからこそ，社会科の本質である「現実社会と向き合い，よりよい社会を創造する」ことが重要になるのです。つまり，現実の社会を見つめ，その事象を理解し，多面的にとらえ，自分なりの判断をして，課題点を見つけ出す。そして必要な情報を収集し，世の中みんなの幸せを考え，自分の言葉で世の中に対して意見を発信していく。そうすることが，知恵を蓄え，思考力を高め，実行力を身につけた，よりよい生き方につながるのです。

◆よりよい生き方へつなげる

　このように社会科では，よりよい生き方につなげるために，現実社会の状況に目を向け，課題点を考え，みんなが幸せに暮らせる社会の実現をめざす人を育てたいと考えています。そのために，以下の4つのことに重点をおき，学習を展開しています。この4つの学びは，それぞれよりよい生き方につながっていく学習です。

① まず第一に，世の中を知るということです。現実社会を知らなければ，社会を創造することなど夢物語です。事細かく覚えるのではなく，よりよい生き方につながる知識をしっかり理解することが大切です。

② 第二は，多面的に事象をとらえることです。「良い」「悪い」「優れている」などは，一面的な切り口の評価であることが多く，別の側面から見ると，違う評価となるケースがあります。そこに気づくことを通して，自分とは異なる主義・主張が存在することを受容し，みんなで意見交換をして結論を出すことが大切です。

③ 第三は自分なりの考えをもつことです。これは，上記の多面的思考・判断と並行して行い，根拠を伴う説得力のある主張につなげていきます。

④ そして第四は，情報処理をしなやかに行うことです。これだけ情報が氾濫している時代においては，自分の求める情報は何なのかを，明確に位置づけて情報収集をすることが求められます。しかし，それだけでは視野が狭くなってしまうので，新聞の閲覧やネット検索の際，「目的と関連はしないが興味深い情報」にも目を向けるようにします。これを時間的なロスととらえるのではなく，世界が広がっていくと考えます。もちろん本末転倒はいけませんが，やるべきことを終わらせた後，余った時間を楽しむ余裕があっても良いのではないでしょうか。

　次に，以上の4つの学びが，新しい学習指導要領に基づいたカリキュラムや授業において，具体的にはどのように位置づけられているのかを見ていきましょう。

2 カリキュラムの構築にあたって

POINT❶ 「基礎」「言語活動」「社会参画」などの学習を充実する

21世紀において，子どもに「生きる力」をはぐくませるためには「知識基盤社会化やグローバル化が進む時代にあるいまこそ，世界や日本に関する基礎的教養を培い，国際社会に主体的に生き，公共的な事柄に自ら参画していく資質や能力を育成すること」だと考えます。

そして，「そのためには，基礎的・基本的な知識，概念や技能の習得に努め」，「思考力・判断力・表現力等を確実にはぐくむため言語活動の充実を図り，社会参画に関する学習を重視すること」が求められます。具体的には次の3つのポイントが重視されています。

① 「基礎的・基本的な知識，概念や技能の習得」
② 「言語活動の充実」
③ 「社会参画，伝統や文化，宗教に関する学習の充実」

これらの3つのポイントを成し遂げさせるために，中学3年生における授業数の増加，3分野それぞれの重点化を進めます。

POINT❷ 「経験」と「知識」の両立を

戦後，社会科が発足してから60年が経ちますが，政治の波をこれほど大きく被り続けた教科はほかにないでしょう。

この間，「生きる力」が求められ，社会的経験の少なさが問題視されたときには「調べ学習」や「経験主義」が重視され，また科学立国の危機や低学力化が問題視されたときには「学力」や「知識理解」が重視されました。

しかし，考えてみれば，経験と知識はそのどちらもが重要で，片方だけ

では不十分なことは自明のことです。社会科がめざしてきたことは，この経験と知識という2つの考え方の両立です。あくまで，両者のバランスを考え，重点のおき方を考慮してカリキュラムを構築することなのです。

事実，時代の要請を受けて，どちらかにやや比重をかけることはありましたが，社会の発展や変化に対応させ，扱う題材をその都度見直してきました。片方をまったく無視したことはありません。

このように社会科は，小さな「流行」を追いつつも，常に大きな「不易」の部分を大切にし，そのときどきの教育を進めてきたわけです。

POINT❸ 地理では，教科書を基調に課題学習を組み込む

かつての中学校地理は，網羅的に学習が展開され，扱う情報量の多さから「暗記教科」の代表例のように言われてきました。

そこで今回の改訂では，「日本の諸地域学習を再び行うこと」になりました。ただし，「それぞれの地域の特色ある事象を中核として，それを他の事象と有機的に関連付けて，地域的特色を動態的にとらえ」ることになります。

例えば，東北地方の学習なら，農林水産業を中核として，それ以外の事象も関連させながら学ぶのです。これは，扱いたい情報量が多いにもかかわらず，授業時間が限られていることと，子どもへの詰め込みの負担を鑑みて定まった妥協案です。この「授業時間」と「子どもへの負担」の問題が解決されないかぎり，地理的分野における右往左往は今後も続くでしょう。地理的分野における，厳格な基礎・基本の明確化が求められます。

そのなかで，中学校の社会科教師はどのようなカリキュラムを構築すべきなのでしょうか。

まず「基礎的・基本的な知識，概念や技能の習得」ですが，これは教科書の記述に従って授業を展開し，地図帳や地形図を使ったり，作業をすることが中心となります。生徒に全体の概要を把握させるために，広く浅く

という限定つきですが，網羅的にまとめることが必要です。そのうえで，生徒に調べたい課題を決めさせて主体的に取り組ませる新聞作りなども有効でしょう。

　この取組みで，知識や技能の定着が図れます。さらに，作品が完成したら，その説明を相互に行わせることで，言語活動の充実が図れます。つまり，教科書の内容を基調とする学習展開のなかで，課題学習を組み入れていくカリキュラムを構築することで，社会科のねらいに大きく迫っていくことができるのです。

POINT❹　歴史では，過去の教訓を未来に生かす

　歴史的分野の問題点は，教科書の記述が時系列になっていることです。そのため，授業は原始・古代から順番に進められるのが一般的です。

　今回の改訂で，3年生の授業時間が増加され，歴史を3年間で扱うようになったことは，非常に現実的な対応だと考えられます。これで，「現代社会についての理解が深まるよう，近現代の学習を一層重視する」ことができるようになるでしょう。

　近現代は，歴史教育の重要なねらいの1つである「過去の教訓から学ぶ」，その舞台の中心です。明治・大正・昭和における日本の発展や変化，世界情勢の推移などは，これからの未来社会を考えるうえでの重要なヒントとなっています。とくに第1次・第2次世界大戦での教訓，世界恐慌とバブル崩壊の比較，アメリカや日本の生活水準や労働問題，公害発生などの歴史を，韓国や中国，東南アジアにおきかえることなど，有効な情報がたくさん存在します。公民学習とも関連させて，しっかり学習させたいと考えています。

POINT❺　公民では，現代社会をタイムリーに知る

　公民で学習するのは，政治と経済を中心とする現代社会のシステムです。

つまり，社会のしくみと，それに作用する人とお金などのさまざまな働きを学習するのです。目標は，生徒が生きているいまの社会を理解することなのですが，学習内容はどうしても現実の社会からかけ離れた，単なる知識だけになってしまいがちです。

この公民的分野のカリキュラムが，生徒にとって生きた存在になるために重要なのは，日々変化する社会事象に中学1年生のときから目を向けさせ，話題にし続けることです。

そうすることで，生徒の関心を高め，個別の具体的な事象についての事例が蓄積されていきます。その具体をもとに，公民の学習をするのです。何も世間を知らないまま，いきなり語句や関連を学ぶのに比べて，学習効果はまったく異なります。

例えば選挙については，国政も地方も数年に一度です。そのときには，新聞などのマスコミはわかりやすい特集を必ず組みます。簡潔でいいので，そのときにその内容にふれるのです。それは3年生の1年間でも同様です。

「タイムリー」という言葉がありますが，公民こそタイムリーに，その都度ごとに，トピックスを取り上げる時間を毎回5分でも確保することが大切です。さらに生徒にコメントを言わせると，より高い効果が得られるでしょう。

3 実践例

1. 地理的分野での授業例

①北方領土から領土問題を考えよう

筆者は，文部科学省からの派遣で，北方領土（国後島）を訪問した経験があります。日ロ友好の家（通称：むねおハウス）に泊まり，現地在住のロシア人家庭を訪問し，晩餐をごちそうになったり，知床半島を目前に見

る海岸での野外パーティに参加したりなど，楽しい一時を過ごしました。

この経験を生かして，北方領土や領土問題を考える実践を行っています。実際の授業では，国後島を中心とした北方領土の現状にふれたうえで，歴史的な経緯や国際法上の日本政府の主張の正当性を学び，問題解決には相互の理解や友好が重要であることをアルフォンス・ドーデ著『最後の授業』や沖縄返還のエピソード，キプロスやグルジアなどの時事問題を交えながら生徒に考えさせます。

この学習の目的は，生徒自身が，この問題を重要なことと受け止め，しっかり考えることです。

そのため，教師は事実のみを教え，政治的な判断としては，現在における考え方を紹介するにとどめています。

現在の北方領土の様子
保育園のお昼寝部屋

②修学旅行で行く北海道を調べよう

３年生は，初夏に修学旅行で北海道に行きます。そこで社会科では，北海道の学習を展開しています。

基本的な地理的事象を学んだ後，各自でテーマを決めて，資料を集め，新聞を作ります。完成した新聞を相互に読み合うことで，北海道に関する情報が増え，新たな視点を得ることにもつながるのです。

〔テーマ例〕
・アイヌ文化と土産物　　　　　・北海道の気候と根釧台地の酪農
・北海道のカニはおいしいドー　・北海道の開拓と網走監獄
・「キャラクター商品（開発）」誕生の秘話　・北海道産のお米はすごい
・夕張メロンとアスパラガス　　・炭坑と夕張市の衰退

③海外ツアーを企画し，リーフレットを作ろう

　以前は，「世界の国調べ新聞」を作る実践をしていました。しかしこれだけ情報が豊富にある時代では，その情報の真贋を見抜く力や，情報活用能力がよりいっそう問われます。そこで，「国調べ新聞」から発展させ，自分のおすすめツアーを作り，それを1枚もののパンフレット（リーフレット）にまとめてみんなに発表する学習を設計しました。

　ここで訪問する国は，1つの国でも複数の国でもよく，滞在期間や金額設定も自由にしました。条件は，「クラスのみんなが行ってみたくなるツアー」にすることです。金額設定は，安すぎると安全面や魅力に欠けるし，高すぎると敬遠されてしまうので，重要なポイントです。

　まずは，駅前の旅行コーナーでパンフレットを集めたり，図書館やPC室のインターネットで資料を集めます。さまざまなツアーをモデルにしながら，自分のツアーのテーマや行き先をしぼります。計画が立てられたら，用紙に目を引くキャッチコピーを書いたり，切り抜いた写真，行程表，食事や土産物の紹介欄などをレイアウトして，リーフレットを完成させます。美術館巡りや買い物ツアー，スポーツ観戦やミュージカル，グルメツアーなど，さまざまなアイデアが出され，楽しい発表会になりました。

2. 歴史的分野での実践

①学校の周りを探検しよう

　学校の周辺に位置しながら，生徒がその存在や名称程度しか知らないのが，歴史的な名所・旧跡・史跡・神社仏閣などです。そこで，ルートを定めて，案内して回りたいと考えました。授業時間内に行って戻ることがむずかしい場合が多いので，2時間続きに変更したり，昼休みをはさむなどの工夫をして，時間を確保します。

　この実践で欠かせないのが，ルートの下見と説明の練習です。ルートは，できるだけ交通量の多い道を横切る回数を減らすことや，なるべく歩道を

通るなど安全面に配慮して設定します。説明では、合戦やくらしなど、当時の様子を臨場感豊かに話す場面、空襲や先人の苦労などをしみじみ話す場面など、そのときどきで表現を使い分けると効果的です。

そして、授業の終わりでは、振り返りのためにルートマップや感想用紙などを用意しておくと、学習のまとめに有効です。

また、せっかくのフィールドワークなので、歴史に限定せず、地場産業や伝統工芸、地方行政、地域の振興、伝統行事やイベントの開催、公共施設見学なども加味して、社会科全体の位置づけとして実践することも有意義なことです。

②シナリオ劇を作ろう

小学6年生の社会科では、人物史の学習で、その当時の風俗や道具なども手作りして歴史学習劇の実践が行われています。子どもの関心を高め、時代認識を深める貴重な実践だと思いますが、周到な準備が求められ、なかなか中学校ではむずかしい取組みです。

そこで、シナリオ劇の実践を考えました。

取り上げたいエピソードについて、シナリオを作り、登場人物に分かれて演じるのです。この実践では、背景も衣装も用意しません。なぜなら、中学生ともなると、背景や衣装がなくても場面をイメージすることができるからです。また、このシナリオ劇では、基本的にはせりふを読むだけなので、思春期特有の照れやシラケがあっても、学習を展開することができるからです。どうしても声の大きさが問題になるので、2年生よりは1年生での実践が効果的です。

シナリオ「鉢の木（鎌倉時代）」の抜粋

時頼　「約束通りにいちばんのりじゃったのう、常世よ」
常世　「はあ？」　※不思議そうに顔をあげて、やや間をとる。
　　　「ややっ」　※びっくりして声を上げる。

> 時頼 「そうじゃ，あのときの旅の僧侶じゃ」

③身近な郷土の歴史を調べよう

　生徒が住んでいる地域には，何らかの歴史が残されています。その１つに着目して，調べるのがこの学習です。

　もし，新興住宅地などで調べる対象に困ったら，近隣の歴史を調べてもよいし，親類宅の近所で探してもいいでしょう。テーマの種類は，神社仏閣，旧街道と道標，お祭りや伝統行事，城跡や古戦場，伝承や伝説・昔話，地場産業や伝統工芸の歴史，古い町並み，戦争と空襲など，何でもいいのです。自分が興味をもつことができ，身近にあるテーマを１つ選びます。

　個別のフィールドワークとなるため，夏休みの課題として取り組ませています。

　テーマが決まったら，まずはそれに関する文献調査です。地域の歴史関係の書物などを探します。資料が少ない場合もありますが，市役所や郷土資料館へ行けば，何らかの情報が得られるはずです。

　次は，実地調査です。現場へ行って，歩いて回り，いろいろ見せていただきます。私有地や非公開の場合は，あらかじめアポイントをとっておきます。できれば，関係者の方にお話を聞かせていただくと，より詳しくわかって効果的です。

　また，実地調査の記録として，なるべく写真を撮っておきます。秋祭りなど季節はずれのテーマの場合は，本番を取材できませんが，去年のことを思い出しながら，１年間の予定や保存への取組み，祭礼にかかわることなどを，忙しい時期でないからこそ，じっくり話を聞くことができるはずです。

　調べが終われば，最後にまとめです。レポート用紙に，課題，動機，文献調査，実地調査，考察，感想，引用文献の順に書いていきます。

　夏休み明けの授業で，総合評価・発表会を開きます。スピーチ発表する

こととレポートを読むことの両立を図るため，4人程度の班を構成させます。その中で，1人ずつ順番にレポートについての説明をさせ，その後，レポートを交互に読み合います。10分間隔で，座席を指定どおりに移動させていくことで，十数人分の発表を聞いて，レポートを読むことができます。

④今年の10大ニュースを作ろう

12月には，マスコミ等で今年の10大ニュースが発表されるので，それを受けて，各自にも10大ニュースを作らせています。

家族とともに振り返らせることが有効と考えているので，冬休みの宿題にします。この10大ニュースのリスト作りでは，自分の身の回りのことから5つ，世の中のことから5つを選ばせます。

まず，作業用紙の1～12月の枠に，それぞれ何があったかを思い出させて書かせます。新聞やテレビニュースを参考にしたり，家族と話し合って作成します。

リストアップできたら，自分にとって重要と思われるものを5つずつ選び，重要と思う順に順位をつけます。最後に1年を振り返り，新年の抱負を書き，つづいて保護者の感想も聞いてまとめて記入するという宿題です。この取組みは保護者にも好評です。

3. 公民的分野での実践

①ディベートで学ぼう

多くの教師は，「ディベートは知っているが，むずかしそうなのでやったことがなかった。しかし，実際に行ってみると，意外と簡単だった」と言います。

入門期での目標は「ディベートを学ぼう」です。「ディベートって何？」と言う生徒が多いので，まずはやってみて知ることから始めます。

この段階に適しているテーマは，「本校は制服を廃止すべし」など，即

興でできるテーマで行います。そこでは，討論の面白さ，相手の意見をしっかり聞いてメモにとること，わかりやすく端的に言うことのむずかしさ，反論することの楽しさなどを味わわせます。小学6年生でも中学3年生でも実践可能なディベート的な討論ゲームです。

発展期での目標は「ディベートで学ぼう」です。ここでは，実際のディベートをします。本来のディベートは討論ゲームなので，ルールがあり，勝敗が決まります。そこが子どもが熱中できる点です。

まず抽選による班分けとテーマ決めを行い，決まったテーマについてのリサーチは，夏休みの課題としています。そして，夏休み明けに各自の調べた資料をもとに，さらに不足している情報を集め，エビデンスを交えた説得力のある立論を用意します。さらに，相手の主張を予測したうえで，その主張別に何種類かの反論する原稿を準備します。

〔**中学生が討論できるテーマ例**〕
- 原子力発電所を廃止すべし
- 死刑制度を廃止すべし
- サマータイム制度を導入すべし
- 家庭ゴミを有料化すべし
- レジ袋を有料化すべし
- コンビニは深夜営業を禁止すべし

フォーマットやルールについては，ローカルルールを設定しています。本校では，1チームのディベーターは5人程度で，各ステージでは複数の者が発言できる独自の形式を採用しています。最初は書籍に紹介されていたフォーマットでやっていたのですが，どうしても実情に合わない点があり，改良を重ねた結果，いまの形式になりました。現場ごとに工夫していけばよいのです。

こうして準備したうえでディベー

ディベート学習の様子
校内ディベート大会決勝

トマッチを行います。ディベーター以外の生徒全員にジャッジをさせるのでみんな真剣に討論を聞き，メモをとっています。最後に自分が勝ったと思うほうに挙手をするのです。

さらに，上級生がディベートに慣れてきたら，体育館か多目的ホールで下級生に見せておけば，授業の最初に「ディベートとは」という話は手短で済み，スムーズに進めることができます。

②新聞投稿をして，世の中に訴えよう

現在，高校や大学の受験において作文が重要視されています。

しかし，何かテーマを与えて，文を書きなさいといったところで，すぐによい文が書けるものではありません。そこで，現代社会の問題点への提言や，社会に対して思うことなどを，字数制限はあるものの，基本的には自由に書かせ，新聞社の投稿欄に出すという活動を考えました。

すると，世の中に訴えるという目的が明確なため，子どもの意欲が喚起され，意欲的な文が多く出されました。

〔新聞投稿のテーマ例〕
- 地球環境を考えた行動を
- 交通安全について
- ペットを飼う人の責任
- 食べ物の安全について
- スポーツとお金の関係
- 総合学習は役立っている
- 受験勉強のよしあし
- 私の将来の夢

ただし，社会への発信については，強制することではないと考えたので，投稿は希望者のみとしています。

また，そのままの文では，掲載される可能性が低いと思った場合は，申し出れば教師が添削をします。経験的にみて，添削を受けて書き直した文のほうが，掲載される確率は高いようです。そして，実際に掲載されたときは，コピーをとって紹介するので，本人はもちろん，周囲の者も，世の中に訴えることができた満足感を得ていました。

③貿易ゲームで国際関係を考えよう

　貿易ゲームとは，班別対抗で行う，ハンディキャップつきの経済ゲームです。各班がさまざまな国になります。

　国を種別に見ると，大国や経済先進国，発展途上国，資源国などがあります。それぞれ初期条件が異なります。ゲームでは，指定された形に紙を切って「生産」した「製品」を，先生に対して時価で売り，お金を稼ぐことができます。希少な「製品」ほど高く売れます。ゲームは，たくさんのお金を稼ぐことが求められます。

　指定された形は，定規や分度器，コンパスを使わないと描けません。もちろん，紙と鉛筆も必要ですし，ハサミが欠かせません。しかし，すべての国が一式そろって持っているわけではありません。ここに，貿易ゲームの面白さとむずかしさ，そして学びがあるのです。

　このゲームでは，紙は資源，ハサミは機械，定規類は技術，鉛筆は労働力を想定しています。当然，大国はすべてを持っています。経済先進国は紙以外はそろっています。資源国は紙だけは豊富にあります。発展途上国は鉛筆だけがあります。

　実践での様子をご紹介します。ゲームが始まり，すぐ「生産」を開始できるのは大国だけです。大国は2つあり，どちらも同じ条件なので，優勝を争う相手だとはっきり意識をします。その間に，紙やハサミのない国は，持っている国から譲ってもらったり，貸してもらわないと「生産」に入れません。

　各国が大国に出向き，交渉を行いますが，両大国はお互いに牽制し合って，貸し出しや援助を行えません。これが，ほかの国からは「いじわるをしている」ように見えます。やがて，余裕が出てきて，やっと両大国も貸し出しや援助を行うようになり，どの国も「生産」に入れますが，貧富の差は歴然としています。

　授業時間を多めに確保できたときは，このうえにオプションで，色画用

紙やシール，新製品の情報などのしかけを設定し，世界での単純生産から技術革新の歴史を体験させる工夫も行うことが可能です。

これは，原子力発電の普及や，ハイブリッド車の登場など，よりいっそう貧富の差が拡大する現代社会を想定しています。

この経過は，すべて教師の想定どおりです。最後の振り返りの時間に，この活動中に感じていたこと，思っていたことを各国から発表させ合います。こうして，生徒は「なぜ貧富の差が縮まらないのか」「なぜ最初から経済援助をしてもらえないのか」「なぜ国際理解が進まないのか」「各国が対立したり非難し合うのはなぜか」などに，体験を通して気づくのです。

〔貿易ゲームでの感想〕
・貧富の差はなかなか埋まらない。
・国際協力をすれば南北問題も解決できるのではないか。
・国の貧富によってどうしても考え方も変わってしまう。
・発展途上国の苦しさが少しわかった気がする。

3▸▸▸数学

外に開かれた数学を取り入れ，内にも外にも真理の追究を楽しむ

1　教科としての数学を学習させる意義

◆よりよく生きるには，「ほんとうにそうなのだろうか」の意識が不可欠

　科学技術の恩恵を享受し，豊かな生活をするためには，国民一人一人がより高度な科学の素養を有することが必要です。

　例えば，コンピュータは社会や家庭に広く普及していますが，これを使える人と使えない人では，情報収集・活用に格差が生まれ，それが生活の格差につながっています。あるいは環境を守るために「捨てたり燃やしたりしていいもの」と「いけないもの」を区別するのも科学の素養です。

　また，民主主義の根幹をなすのは，物事を冷静に正しく判断し表現できる国民一人一人です。真理・真実を追究し，自ら考え，表現する態度と力をもたない，あるいは発揮できずに誤った方向に導かれたり，生活を破壊されたりした歴史は，戦争，公害，差別など数え切れません。

　近年では，種々の詐欺事件が多発しています。例えば，家の耐震化が必要と言われてそれを鵜呑みにし，ほんとうは必要のないリフォームで高額な代金を支払うというようなことです。初めて出会った人を無条件に信用

し、だまされてしまう。「ほんとうにそうなのだろうか」と考えてみる姿勢が身についていれば、多くの場合はだまされないのではないでしょうか。

環境問題では「割り箸論争」が起こりました。割り箸の生産・使用は環境破壊を引き起こすということが宣伝され、多くの人はあまり考えずにそれはそうだと思い込みました。しかし、中には材料や生産過程などを調べて、一部ではむしろ割り箸の生産は森林を守り、環境を守っていると主張する人もいました。

ここではどちらが正しいかは言及しませんが、根拠を明らかにし、科学的にしっかりと考えて真理・真実を追究し、自ら考え、表現する態度と力は、よりよい社会の創造やよりよい生き方に欠くことができないものです。

◆**数学は真理・真実の追究に適した教科である**

数学は、このような科学のもとになっています。また数学は、その特質によって正しいことと正しくないことを、はっきりさせやすい教科です。この明快さをもつ数学は、「ほんとうにそうなのか」「なぜそうなのか」という真理・真実を追究する態度や考え方を養うのに適した教科です。このような態度や考え方を養うことが、数学を学習させる大きな意義です。

真理・真実を見つけることは、人間にとって大きな喜びでもあります。また、真理・真実を愛し、追究する態度の育成は教育基本法で教育の目標の1つにもなっており、新学習指導要領の道徳の内容にもあげられています。指導計画の作成と内容の取扱いには「道徳の内容について、数学科の特質に応じて適切な指導をすること」とありますが、真理・真実を追究する態度の育成はその大きな部分を占めるでしょう。

◆**数学の学習姿勢は、人生においても大きな意味をもつ**

数学は「事象を数理的に考察し表現する能力を高める」ことをめざします。事象を数や形の面からとらえ、分析、考察し、法則性の発見や課題の解決に生かしていきます。日常生活、社会生活における事象を数理的にとらえる目を養い、課題解決を図る力をつけることも数学を学習させる意義

です。ここでも，真理・真実を見つけた喜びを感じることができます。

　また，数学は少しの知識を得れば，自分で課題を見つけて自ら学ぶことができる教科であり，それがまた数学の面白さでもあります。数学では，知識や問題の具体的な解決方法を教えることよりも，知識を自ら獲得したり，多様な見方や考え方で問題を解決しようとする態度や力を養うことを大切にしています。これは，人生においても大いに意味をもちます。

　変化の激しい社会において，これまでに経験したことのない新たな課題に出会うことは非常に多くなります。その際に，自らその課題と向き合い，解決を図る態度と力は必要不可欠です。また，それを解決することが，さらにどんなことにつながるかを考えたり，解決できないときにはあきらめずに別の解決方法を考えたりすることにもつながっていきます。数学の学習を通して，よりよい生き方に向かわせているのです。

　数学の内容そのもの，あるいは内容の探究における考え方だけでなく，課題追求の取組みの姿勢に学習の意義をもつことで，授業は変わります。単元の内容にはかかわらないものであるがゆえに，年間を通して意識すれば，その積み重ねの効果は大きいのです。

◆**真理・真実の追究を楽しむことこそ数学学習の本質である**

　人は，「意義があるから」「よりよい生き方につながるから」といって，それが学習の意欲になり続けることは，なかなかないものです。文化としての数学や真理の追究を楽しむということが一番の根本です。

　つまり，数学を学ぶということは，科学や生活や社会，そしてよりよい生き方に"役に立つ"ことを前提として，数学を"楽しむ"ことです。数学の中にある真理や美，不思議さ，さまざまな自然事象・社会事象の中にある真理を発見したり，数学を活用して社会の課題に迫ったりすること自体を楽しむことです。

　このような学習が展開できれば，数学を楽しみながら，よりよい生き方につなげていくという，理想的な学習になっていくのではないでしょうか。

2 カリキュラムの構築にあたって

POINT❶ 「なぜ？」「ほんとうに？」からの追究を大切に

　真理の追究は疑問から始まります。見つけた（予想した）ことを「ほんとうかな？」と確かめようとすることや，受け取った情報を無条件に信用しないことは，よりよく生きていくうえで欠かせない態度です。

　ある事柄の真理を追究できる力は大切ですが，その追究の前に「なぜ？」「ほんとうに？」「どのようにしたら？」などの疑問をもつことがまず大切です。疑問に思わなければ追究は始まりません。社会では，正しくないことが正しいことのように広まっていることがよくあります。「それはほんとうですか？」と問われてから考えるのではなく，「それはほんとうかな？」と自分に問うことができる人に育てたいものです。

　生徒の中には，この問題はこのようにしたら解決する，この公式を利用すれば簡単だということを知っている者がいます。しかし，「どうしてそのようにできるのか？」「その公式はほんとうに使えるのか？」と尋ねると，その根拠を説明できないことが多いのです。ただ，早く正確に問題が解決できれば（答えと合っていれば）よいという感覚なのです。

　なぜ，その公式や方法に疑問をもたないのでしょうか。ほんとうにそれで解決できるという根拠を理解してこそ，その公式や方法の素晴らしさもわかりますし，根拠なく信じることの危うさも知ってほしいものです。

　数学では，具体的なケースを考えて，試行錯誤をしながら性質や公式を発見する進め方をすることがありますが，それが一般的なのかを改めて考える，根拠をはっきりさせる学習を計画的に設定します。帰納的な方法で見つけたことは予想でしかないのです。敢えて例外のあるものを取り上げれば，「なぜ？」「ほんとうに？」と考えることの必要性が実感できます。

POINT❷　社会とのかかわりを感じる数学を取り入れる

　「数学を学習させる意義」で述べたように，数学は科学のもとになっています。事象を分析して考察する力をつけさせたり，数学を楽しむ前提となる知識理解や考え方を確実に身につけさせたりするためには，数学を体系的に学ばせるという面はやはり重要です。

　数学は，多くの場合，新しいことを学ぶためには，それまでに学んだことが身についていなければならない積み重ねの教科です。もちろんその体系は一本の道ではありませんが，各単元は相互に関連しながら強い順序性をもっていることは間違いないでしょう。

　数学を楽しむだけであれば，体系はもっと緩やかになるかもしれませんが，効果的に学習を進めていくためには，体系を重視することは必要です。体系を重視すると，数学の中だけでの学習に偏りがちになりますので，数学が社会とどのようにかかわっているかが実感できる教材を意識的に取り入れることで，実用的価値を感じさせたいものです。

　ちょっとしたところで数学が使われていることを知るだけでも，人の意識は変わるものです。中学校の数学がちょっとしたところに使われている場面もあるのです。例えば，「累乗」の学習のときには，銀行の預金利息の計算に使われることがわかります。発展させれば，指数関数的な関数の変化についても関心をもつでしょう。「平方根」について学習するときには，丸太から角材を切り出すことを考えてみればいいのです。

　ちょっとしたことでも，それがときどきあれば，数学は役に立っているという気持ちになってくれるでしょう。積み重なれば，社会の中でよりよく生きていくためには，数学も必要なのかな，くらいには感じてくれるのではないでしょうか。もちろん，このような学習の中にも，真理を探究しつつ数学を楽しむという面も当然あるわけです。

POINT❸　他教科の学習内容との関連を見つける

　生活や社会，科学などとの関連を考えるには，まず身近な他教科の中にそれを見いだすようにします。他教科のほうがそれらに関連が深いのです。

　数学の教師の考え方として，数学は数学で学習するから，その活用はほかの教科（学問）なり，ほかの技術者が工夫してくれればよい，というのがあるように思います。しかしそれ以上に，教師が他教科の学習をよく知らず，数学が実際にどのように役立つかをあまりわかっていないのではないでしょうか。他教科の中で数学が使われている，あるいは使うことができる場面を知りません。他教科の教科書をじっくりと眺めてみた数学教師はほとんどいないでしょう。

　教科書を見なくても，試みに，考査のときの他教科の試験問題を見てみましょう。数学が使われていたり，数学を使うともっと学習が深まるものに出会うでしょう。

　例えば，理科では，実験のグラフから2つの数量の変化や対応を読み取る学習がよくあります。数学で学習した比例，反比例，一次関数などがいろいろ出てきます。技術の教材にはクランク機構がありますが，数学でいえば図形の動き方の学習ができます。体育ではハンドボール投げをしますが，そのコートの中心の角度は30度です。運動場にコートをかくのに数学の作図の考え方が使えます。

　数学では基礎を教えるから活用は任せます，ではなくて，生徒が他教科で何を学んでいるかに関心をもち，それを授業に取り入れることで，数学の授業が広がります。他教科の内容を通して数学が生活や社会，科学に生きていることを，生徒にもっと感じさせることができるでしょう。

　さらに，他教科の教師と，「ここのところでこんな数学が使えますが，どうでしょうか」と意見交換をして，数学を活用してもらうこともできるかもしれません。他教科の授業で数学の意義を感じられてもよいわけです。

POINT❹ 社会とつながった数学について考え，教材化する姿勢をもつ

　学んだ数学の知識や技能を数学の問題演習でしか使わなければ，生徒には学んだ数学と社会とのかかわりが見えませんし，学んだことがどのように有意義なのかわからないでしょう。数学の価値を感じさせるには，数学の中に閉じない，社会とのつながりをもたせた数学学習が必要なのです。

　しかし一般的に，数学の内容を理解させるために社会に関連した内容を取り上げることは考えても，これは数学の内容を理解させることが主目的です。学習している単元の内容を越えて，広くその社会に関連した内容を考えることはほとんどないでしょう。ましてや，数学の範囲を越えた内容になるものは取り扱いを避けています。

　これを一歩進められないでしょうか。中心は数学を利用しての解決になるような，しかし，主題は社会の課題という学習を考えてみてはどうでしょうか。主題は社会の中での課題ですから，利用する数学の範囲はその単元の内容を越えても構わないですし，他教科の内容も積極的に取り入れて解決をめざします。むずかしいことですが，これを実現させる第一歩は，数学を教える教師自身が数学と社会とのつながりについて考え，数学を越えた授業をやってみようと教材研究に取り組むことです。

　新学習指導要領では，数学的な活動が内容として規定されました。日常生活や社会で，数学を利用する活動に取り組む機会を設けることになっています。つまり単元や領域を越えてよいわけです。「数学を越えているではないか」と言う人がいたら，「日常生活や社会のことを扱えば，数学の範囲でおさまらないのはあたり前ではないか」と反論しましょう。

　各領域の内容を総合したり，日常の事象や他教科等に関連づけて見いだした課題を解決する，課題学習とすることもできます。さらに，数学の時間にこだわらずに，数学からアプローチする総合的な学習として行うこともできます。関連する教科と共同で実践することもできるでしょう。

3 実践例

1. 現在地を見つけよう

◆**人の知恵に生きる数学を教材に**

　数学の価値について，
「物事を数理的に分析したり総合したりする力がつく」
「数学を離れても，数学の学習で身につけた見方や考え方が役に立つ」
「いろいろな考え方で解決を図ることは，解決の幅を広げるとともに，人生で大きな課題にぶつかり，1つの方法でうまく解決できなかったときに別の方法でやってみようという態度が身につくことになる」
などと話しても，実感はもてません。生活であれ社会であれ科学技術であれ，やはり数学が実際に役立つということを実感させることが不可欠です。数学が人の知恵や技術にどのように生かされているか，また生かすことができるかの実感がもてず，数学の価値を見いだせずに，意欲をもたない生徒が増えてきています。

　一方，人は長い年月の中で，多くの生活の知恵や技術を身につけてきました。そこで，「なぜ？」「ほんとうにそうなのか？」を追究するなかで，数学の価値を実感させることをめざします。ここでは，円周角の定理の学習で，いまでも航海士が身につけている，船の現在地を見つける方法を取り上げました。

◆**方位がわからなくても現在地はわかる**

　シルバコンパスを利用して現在地を見つける方法では，オリエンテーリングや登山で交差方位法（クロスベアリング）が行われますが，これには円周角の定理は使いません。船の航海では，交差方位法とともに円周角の定理を利用した三標両角法という方法が行われることもあるようです。

実際に使われているこれらの方法は，中学校の数学の内容が生かされており，数学の実用的価値を感じられる題材です。また，万一，山で道に迷ったり海で漂流したりしたときに，自分自身にとって生きるか死ぬかにかかわる題材そのものへの価値を感じられる題材です。

> 　３カ所の目標物A，B，Cのうち，AとBを見る角度が30度，BとCを見る角度が45度である位置を見つける。

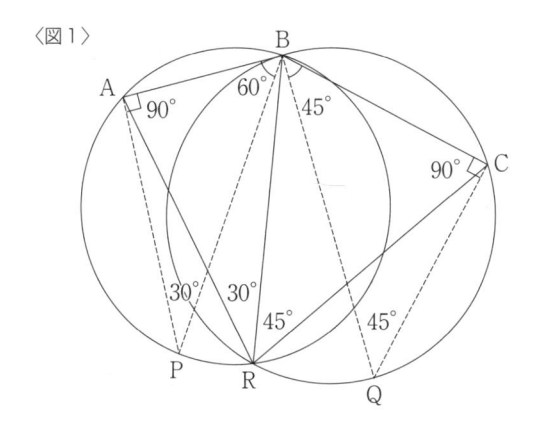

〈図１〉

① 　AとBを見る角度が30度になる点を１つ見つける。例えば，「図１」のように，∠A＝90°，∠B＝60°の△APBの頂点P。
② 　ほかにも条件に合う点があることを見つけ出して，そのような点が△APBの外接円上に並んでいることを予想し，確かめることを通して，円周角と中心角の関係を見つけ証明する。
③ 　AとBを見る角度が30度でない場合にも円周角と中心角との間に同じ関係があること（円周角の定理）を予想し，証明する。
④ 　円の内部から見ると，その角（∠D）は円周角よりも大きくなり，円の外部から見ると，その角（∠E）は円周角よりも小さくなることを予想し，証明することで，円周角の定理の逆も正しいことがわかる。（図２）

⑤ 2点A，Bを見る角度だけでは現在地を特定することはできないことから，どのようにすれば現在地を特定できるか考える。

⑥ 例えば，BとCを見る角度が45度であるとして，そのような場所を考える。

∠C＝90°，∠B＝45°
の△BQCの外接円上

⑦ 次の2つの円の交点が現在地Rとなる。

・∠A＝90°，∠B＝60°
の△APBの外接円（中心はBPの中点）

・∠C＝90°，∠B＝45°の△BQCの外接円
（中心はBQの中点）

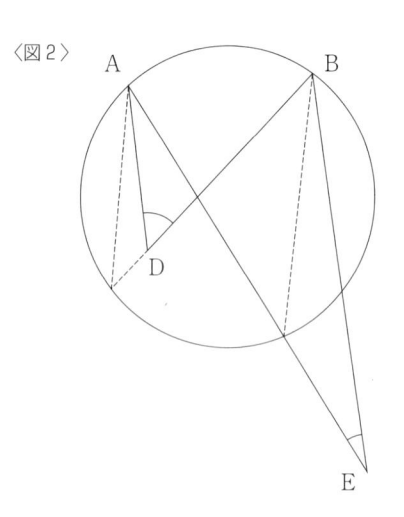

〈図2〉

　この図は作図できますが，AとBを見る角度やBとCを見る角度が変わっても，分度器を使えば，同じようにして現在地を求めることができます。この方法なら方位がわからなくても現在地を知ることができます。

　授業では，これを題材にして円周角の定理の発見，証明，円周角の定理の逆と学習を進めましたが，円周角の定理の学習の後にその利用として扱うことも可能です。また，新学習指導要領では円周角の定理の逆を扱うことになっていますが，これを利用して学習することができます。

◆体験を通して実感する

　実際に体験すると，生徒たちはより実感を伴って理解し，この知恵のすばらしさ，ひいては人間のすばらしさを感じます。一部生徒が校舎の屋上で実際に行いましたが，時間や場所が許せば全員にさせてみる価値があり

ます。初めのうちは、正確に角度を測ることへの意識が低く、見つけた現在地に大きなばらつきが出て、再度測量をすることになりました。正確な測量の大切さを考慮しておく必要があります。

また、夏休みに船に乗る機会を設定することができましたので、一部生徒は海洋の船上でこの方法を実践しました。航海士がこの原理を使って船の現在地を地図上に記している姿を見ることもでき、中学校の数学が実際に生かされていることを実感できる機会となりました。

さらに、この学習と関連させて、船の天文航法の基礎となっている「北極星や太陽の高度から、現在地の緯度・経度を求める」実践を、選択教科で行いました。これは、理科の天文や社会科の地図と大いに関連があります。数学的には、空間における図形の位置関係、平行線の性質と大きく関連します。

新学習指導要領でも選択教科は実施できますが、必修数学の課題学習としても行えるでしょう。数学が実際の生活や社会、科学技術などにどのように役立っているのかを知り、人間の知恵のすばらしさが感じられる授業に取り組みたいものです。

海図に船の位置を記す様子

2. 座標とグラフで災害について考えよう

2 の Point 4（p.71）にあげたように、数学の教師が社会とつながった数学について考え教材化することは、生徒が学んだ数学をよりよい生き方につなげていく方向性の1つです。とは言っても、具体的にその教材を見つけ、授業で使える形に加工することは、ほかの教科に比べて簡単ではないかもしれません。確かに数学はあらゆる学問や世の中の事象・現象に

密接にかかわり，役立っている学問ですが，中学校で学ぶ数学はその初歩の初歩だからです。

では，直接それらと結びつけることはむずかしいとしても，何らかの関連を示唆し，生徒が数学の価値を見いだすような授業展開はできないものでしょうか。その1つのアイディアは，現実の事象を教材とし，世の中で実際に起こっている出来事と関連づけて数学的な概念を使うことです。

そのような学習経験の積み重ねにより，生徒は数学を学ぶことに価値を感じ，学習したことを使って現実の出来事を数理的・論理的にとらえたり考察したりするようになっていくのではないかと考えます。

◆**座標とグラフの学習に防災の視点を取り入れる**

最近，日本列島では頻繁に大きな地震が起こっています。近年の直下型地震は，蓄えられたプレートの歪みのエネルギーが，表層近くで少しずつ放出されていることによるそうです。そして，ここ数十年の間に，そのプレートの歪みのエネルギーが一気に放出される地震，すなわち東海・東南海・南海地震が起こると予測されています。

いまの中学生が大人になり，社会の中心として活躍しているときに，大地震が発生するかもしれません。そのことは，中学1年生には十分理解できます。そこで，中学1年生が「座標」を学習する場面で，防災の視点を取り入れた授業「座標とグラフで災害について考えよう」（3時間）を行うことにしました。

一般的に，座標の学習では，座標を「平面上の位置を表す情報」として学習した後，2数の組を平面上の点で表現し，さらには2変量の関係を視覚的に表現するグラフに発展させます。この実践では，その流れに沿って，近年に発生した被害地震の震央のデータと，2004年に兵庫県に大きな被害をもたらした台風23号による降雨のデータを活用しました。（図3）

これらのデータの入手には，気象庁や気象台のウェブサイトを活用しました。

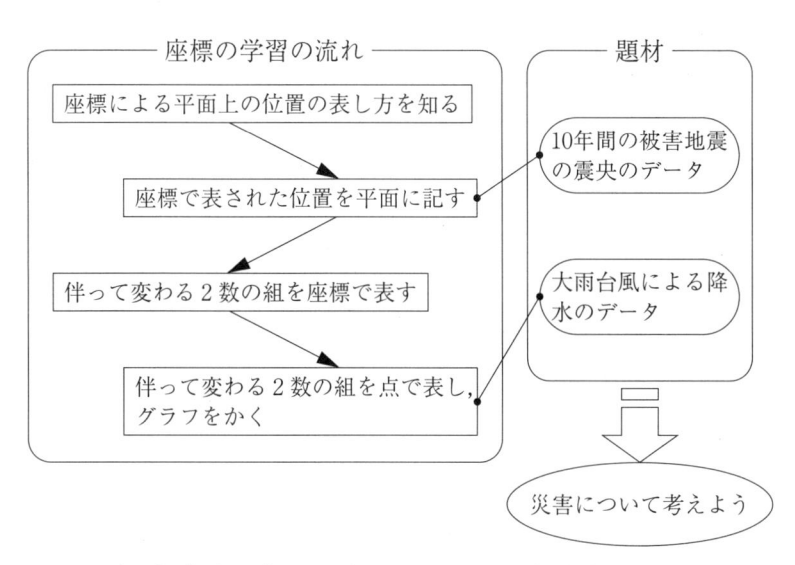

```
┌─ 座標の学習の流れ ──────────┐   ┌─ 題材 ──────┐
│  ┌──────────────────────┐  │   │ ┌─────────┐ │
│  │座標による平面上の位置の表し方を知る│  │   │ │10年間の被害地震│ │
│  └──────────────────────┘  │ ●─┼─│の震央のデータ│ │
│           ↓              │   │ └─────────┘ │
│  ┌──────────────────────┐  │   │             │
│  │座標で表された位置を平面に記す│  │   │ ┌─────────┐ │
│  └──────────────────────┘  │   │ │大雨台風による降│ │
│           ↓              │ ●─┼─│水のデータ   │ │
│  ┌──────────────────────┐  │   │ └─────────┘ │
│  │伴って変わる2数の組を座標で表す│  │   │      │      │
│  └──────────────────────┘  │   └──────┼──────┘
│           ↓              │          ↓
│  ┌──────────────────────┐  │    ╭──────────╮
│  │伴って変わる2数の組を点で表し,│  │    │災害について考えよう│
│  │グラフをかく          │  │    ╰──────────╯
│  └──────────────────────┘  │
└──────────────────────────┘
```

〈図3〉「座標とグラフで災害について考えよう」(3時間) の流れ

◆座標の学習に現実の事象のデータを使う

　第1時では，日本地図と学校のある明石を原点とした直交座標を重ね合わせて作成したワークシート（図4）を使い，座標で示された位置がどの都市を指しているかを考えたり，都市の位置を座標で表したりしながら，座標とその表し方を学ばせました。

　第2時では，1995年～2005年の間に日本国内で起こった被害地震の震央をもとにした座標を，図中に点で示す活動をしました。作業をしながら
「先生，これは何の点ですか？」
とたずねる生徒がいました。
「何やろうね，想像してね」
と返答したら，
「地震やで，これ」
という声があがりました。

　次に，位置情報ではない2数の組を座標で扱う学習として，2004年の台

風23号による降り始めからの降水量が記された表をもとに，グラフ用紙に点をとり，降水量の移り変わりを視覚的にとらえる活動をさせました。当時は小学生だった生徒たちも，この雨によって発生した災害についてはよく覚えており，自分たちの体験やテレビのニュースを思い出し，どのような災害が起こったかを振り返るきっかけになりました。

◆**座標とグラフを使って災害について考える**

第3時では，第2時で作成した図

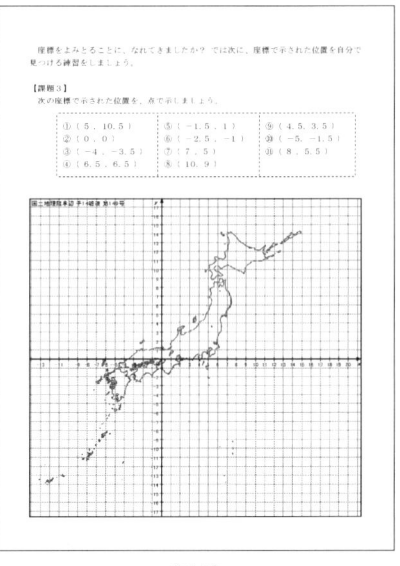

〈図4〉

(雨量の推移を表したグラフと10年間の被害地震の震央に点を記した図)を使って，警報発令の基準となる雨量を突破する時刻を推定したり（図5），日本列島で地震が起きるメカニズムについて考えたりする学習をしました。この時点ではまだ比例のグラフを学習していませんが，生徒の多くはグラフを延長し，およその数値を読み取って時刻の推定を行っていました。また，ちょうど理科で地震の仕組みについて扱う単元（「大地の変化」）を終えたばかりで，学習したことを思い出して発表する生徒もいました。この第3時の授業中には，生徒の中から「数学じゃないみたい」という声があがりました。

授業後の生徒の感想には，
「座標は，相手に位置が確実に伝えられるので役立つ！」
「場所や位置などを表すのに便利で，説明しやすい」
「目でパッと見てわかりやすく表すことができるから，いろいろな人に何かを強調して伝えたいときに役立つと思う」

などがありました。また少数ながら「数学を通して社会に役立つことがあるとわかった。いろいろな情報などを集めたりするのに数学は必要だと思う」
「理科と数学がつながっていて楽しく勉強できた。よく頭に入ると思う」
という，数学を現実の事象や他教科と関連づけた学習に対する好意的な意見も見られました。

このように生徒の様子からは，生徒たちに普段とひと味違う数学の印象を与えたことがうかがえます。この実践で，多少なりとも数学と現実の事象との関連を見いださせ，数学を学ぶ価値を感じさせることができたと考えています。

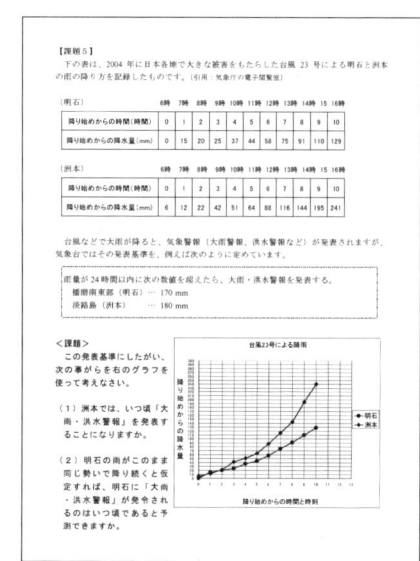

〈図5〉

◆数学の学習をよりよい生き方につなげる

現実の事象や現象を，そのまま教材に取り込もうとする際の問題点は，
① 対象が限られる
② 教材化に手間がかかる
の2点です。しかし生徒たちにとって，数学を現実と重ねて学ぶことは意義があることです。発想を広げ，他の学習と関連づける工夫もしながら，現実をもとにした教材の開発に取り組んでいけば，生徒たちは数学を社会と関連づけながら学び，数学の学習を自分のよりよい生き方につなげていけるのではないでしょうか。

4 ▸▸▸ 理科

自然と共存し，幸せな社会を創造するための科学的思考を育む

1 教科としての理科を学習させる意義

◆よりよい生き方や社会創造のための科学的思考力

　現代の私たちの暮らしは，自然科学の発展によってもたらされた科学技術に依存しきっています。次々に新しい技術が開発され，その技術によってつくり出されたものが，衣食住すべての面で私たちの生活を支えています。また，情報技術の発展は地球の時間的・距離的な隔たりを取り除き，瞬時に世界の各地とつながることを可能にしました。自然科学は人類に物質的に豊かな生活をもたらしました。

　しかし，このような豊かさは，国や地域によって非常に偏っているのが現状です。そしてこの偏りは，さまざまな矛盾や紛争を引き起こしています。しかも，資源を際限なく消費することによって成り立つこの暮らしは，環境破壊という大きな代償をもたらしました。

　21世紀を生きる子どもは，これらの環境破壊や戦争といった，発展とは正反対の情報や身の回りの親しむべき自然が急速に失われていく現実に日々接しています。その結果，残念なことに科学に対してこれまでのよう

に夢や希望をもてなかったり，自分たちが生きるこれからの時代に大きな不安を感じています。

　このような時代にあって，理科教育の負う責任や役割は非常に大きくなっています。子どもたちが生きる意味を見失わず，自分の生き方をしっかり考えながら，社会へ働きかける力を伸ばしていくためには何が必要でしょうか。理科教育にかかわる教師は，時代や社会の変化を見つめながら，よりよい生き方や社会の創造のために，理科という教科を通して，子どもたちにどのような経験をさせ，科学的思考力を伸ばしていくのかという見通しをもつことが重要です。

◆理科の本質は，自然科学から学び生かすこと

　理科は自然科学を取り扱う教科ですが，自然科学は，あくまで人類が自然から学んで定義した事実にすぎません。この自然科学をどのように利用するのか，その舵とりもまたわれわれ人類に任されているのです。

　したがって，前述したような，豊かな暮らしと環境問題という，人類と自然科学のかかわりのなかで培われた科学技術が招いた結果に対して，その功罪を自然科学に求めても意味がありません。大切なことはこの自然科学をどのように継承し，科学技術を発展させ，それをわれわれの生活にどのように生かしていくのか，ということなのです。

　例えば，鉄を加工して効率よく木を切ることができるノコギリを作る……これは人類が自然科学に学び生み出した技術によって作られたものです。この便利なノコギリでどの山のどの木を切るのかを考え，切り出した木はむだなく利用し尽くす。そして自然の循環を意識しながら，木を末永く利用し続けるために，後には植林をする。これが自然科学の舵とりです。

　その意味において，理科とは「自然を探究し，そこから学んだ事実から，自然と人間のつながりを考え，これを自分のよりよい生き方や社会の望ましい発展につなげる」という自然科学をいかに生かしていくかということに，その本質があるといえます。

したがって，自然科学から創造された科学技術が自然と調和し，これを守りつづけることができるのかどうかは，「自然科学を学び，継承発展させ，これをよりよい社会の創造のために生かしていく人を育てられるか」ということにかかっているといえます。私たちはこの原点に返って，その目標を見誤ることなく設定しなければなりません。

◆自然と共存し，幸せな社会創造につながる人間の育成

　私たちの幸せとはけっして物質的な豊かさのみで形づくられるものではありません。これまで述べてきたとおり，物質的な豊かさや便利さを追求し続けることは，さまざまな問題を派生させることははっきりしています。

　私たちにとってよりよい生き方とは何なのでしょうか。世界の中において自分だけの幸せではなくほかの人々との共存を図ること，そして自然環境を守りながら，文化の継承発展のために自分に何ができるかを考え，行動しなければならないでしょう。

　つまり，「人間としてこの世界で自他の価値を感じて生き，自然と共存する文化を創造し，未来永劫に人々が幸せに暮らしていける社会を創造すること」こそがよりよい生き方につながるものと考えます。そして，そのためには，豊かな知性と人間性を備えた人を育てることが必要であり，それこそが理科という教科の意義であると考えます。

　さて，理科の本質，そして教科としての意義を述べましたが，それを実際にどのように具体化していくのか，どのような授業を展開していけば子どもたちのよりよい社会を創造する力を高められるのでしょうか。この目的に照らしてカリキュラムを構築していくうえで，大切ないくつかのポイントがあります。それは，これまでの断片的な単元を，生活とのかかわりのなかで再構築したうえで，実験・観察という能動的な活動と探究の過程を可能なかぎり取り入れることです。

　では，その具体的なポイントをあげながら実際のカリキュラムの構成を考えていきましょう。

2 カリキュラムの構築にあたって

POINT❶ 相互の関連性を含めた自然科学の奥深さを実感できる単元

　理科は化学，物理，生物，地学という，自然科学の4つの領域を大きく2分して，1分野（化学，物理），2分野（生物，地学）という形にくくっています。そしてそれぞれに単元が構成されています。

　しかし，当然のことながら異なる領域も相互に関連し合っています。理科の授業を展開するうえで，各領域の中の各単元の細かな知識の断片を並べて教えていくだけでは意味がありません。もちろんそれらの断片を自分の思考のなかで立体的に関連させて構築し，新たな概念を組み立てることができれば理想的ですが，中学校段階の生徒は，まだまだ，もっている情報や経験が少なく，そのような知識の再構成はむずかしいといえます。

　そこで教師は各領域のつながりも視野に入れながら，各単元を俯瞰し，「ここで生徒に何を学ばせたいか，それは生徒のキャリア（よりよい生き方）にどのように結びつくか，ほかの単元とのつながりをどのように取り入れるか」という点について考え，さまざまな事象が，実は相互に関連し成り立っているという，自然科学の奥深さを実感できるような単元を再構成する必要があります。

　授業では限られた部分しか取り扱われなくても，教師が単元にかかわる自然科学の事象を広く深く把握しておくことで，より効果的で立体的な単元が構成できるのです。最終的な到達目標はより高く，しかしその途中の道筋は生徒の実態や地域性，教師が考える単元の発展的な掘り下げや広がり，中心のとらえ方によってさまざまな形が考えられます。理科においては学習指導要領の改訂で単位数の増加が図られたことで，より柔軟で深く掘り下げた単元の構成が可能になりました。

◆基礎・基本を押さえたうえで,立体的にとらえさせる

　例えば,「動物の生活と生物の変遷」という単元は,そのなかに感覚器や情報伝達,消化や血液循環などの構造的な仕組み,そして動物の分類などを含んでいます。しかし,そのように小さなブロックごとに知識を張り付けていても,動物という自然が生み出した奇蹟のような存在をとらえることはできません。

　その生態の多様さ,機能の巧妙さ,命の不思議さはどのようにすればとらえられるのでしょうか。それにはこの単元を含めて「植物の生活と種類」「生物の成長と増え方」「生物と環境」を大きく1つに考えて,これらを立体的に関連させながらとらえさせることが必要です。

　なぜ生物はこのような形態をしているのか,どのように生物は生まれ,成長し,子を産み,死ぬのか,命とは何なのか,生物のつながりの中で人間はどのような存在なのか,という多くの疑問点や考えるべき課題が生じます。教師はこれらの疑問を生徒に感じさせ,それを解き明かす過程をどのように構成するのか,「自然と生命」という1つの大きなドラマをつくる気持ちで単元を構成していかなければならないと思います。

　これらのドラマの進行には,細胞の構造や消化器官の仕組みと働きなどの必要な知識や,基礎的な実験器具の扱い方や指示薬の性質,データーの処理,グラフの描き方などの理科的なリテラシーを確実に習得させることが大切です。それらの基礎・基本のリテラシーは反復練習や,振り返りの小テストなどでも定着を図りますが,学んだことが実生活の中にどのように生かせるのか,実際につながり,生きていることを感じることで,興味や関心を引き起こし,より積極的な学習に結びつけることが可能です。

　ともすれば教え込みになりがちな,そのような理科的リテラシーを,あらゆる場面での興味づけを大切にしながら押さえつつ,荘厳な生命のドラマにふれ,自然の不思議さに感動を覚えるような授業を展開することができれば理想的です。

POINT❷　探究の過程を組み入れ，科学的思考力を高める

　さきに述べたような単元の構成において確認しておくべきことは，一連の授業展開が科学的思考力を育むことができる構成になっているかということです。具体的には，「①問題を見いだして解決方法を考え，実験・観察を計画する学習活動」「②実験・観察の結果を分析し解釈する学習活動」「③科学的な概念を使用して考えたり説明したりする学習活動」，これらが各場面において組み入れられているということです。

　では，実際の構成を考えてみましょう。

　まず，問題を見いだすという点です。生徒が日常生活で出会う現象，事物には「どういう仕組みなのか，なぜそうなるのか」と思うことがたくさんあるはずです。例えば，家庭や学校の階段の電灯は上の階，下の階どちらからでも ON/OFF が可能ですが，あたりまえのように使っているこのスイッチは，実際にはどのような仕組みの回路になっているのかを知る生徒はほとんどいないでしょう。

　「これはどうなっているのか」という疑問をもつことが興味を引き起こし，解き明かしたいという欲求につながります。その欲求こそが能動的な学習活動の原動力になります。

　次に，現在もっている知識で懸命に思考し，実験を進め，正しい回路を求めて探究を深めていきます。また，それぞれが考えた案を交流することを通して，より柔軟で幅の広い思考や，他者を尊重する姿勢が身につきます。そして自分の考えを他者に伝えていくことで，コミュニケーション能力を高めることにもなります。そして協力し合い，正しい回路の解明にたどり着いたときには「なるほど」という納得のうえに，喜びと感動を共感できます。このようにして日常生活の中に科学の知識や原理が応用されていたり，生かされていることを，自他の価値を意識しながら体感することは，生徒のキャリア発達を促すうえで非常に有効であるといえるでしょう。

POINT❸ 学びを伴う能動的な実験・観察を取り入れる

　理科という教科の最も大きな特徴として，実験・観察という実体験の中から学ぶということがあげられます。改訂された新学習指導要領の中にもこの点がより強調されていますが，この実験・観察が理科の本質にどのように作用しているかを考えてみましょう。

　まず理科に対する関心・意欲・態度は，実験・観察を通して深まるものであるといえます。もともと理科に対する興味や，科学に対する強い好奇心をもった生徒は常に能動的に取り組みますが，理科が好きではない生徒の中にも，実験・観察は好きだという生徒は多くいます。彼らも実験・観察を行うなかで疑問や不思議，驚きに出会い，これらをきっかけとして自ら学ぶ姿勢を身につけるようになることがあります。生徒に理科を学ぶことに対する必要性や魅力を感じさせるうえで，実験・観察を通した実証や発見は非常に有効な手段であることは間違いないでしょう。

◆能動的な実験・観察をしながら自然科学と対話

　実験や観察は，自然の事物・現象の中に見いだした問題を解き明かす手段として行われます。実験で得られた結果をもとに規則性を考察します。そしてその規則性をほかの現象にあてはめることにより，さらに上位の概念に高めていくことができます。その過程で科学的な思考が深まっていき，将来的に生徒のものごとに対する論理的かつ実証的な思考につながると考えます。

　したがって，科学的な思考過程を身につけるうえで，実験・観察のプロセスは不可欠なものであるといえます。生徒が疑問をもたず，課題を把握せず，受動的にさせられている状態では，その実験・観察には学びを伴いません。つまり望ましい状態とは，能動的に実験・観察を行いながら，生徒自身が自然科学との対話をし，学びを得ている状態と考えられます。このことは，理科という教科の学習の最も大切にしていきたい部分です。

◆実験・観察をよりよい生き方や社会の発展につなげる

　しかし実験・観察は，以上に述べたような，関心や意欲，科学的思考，知識の獲得のための手段として行うものとだけ考えることは，やはり狭いとらえ方であるといえます。

　実験・観察を行うには，非常に客観的なものの見方が必要になります。「こうあるべきだ」とか「こうなるはずだ」という自分の予断を廃して，与える条件の統一や設定，再現性や信頼性などを考えて装置を準備し，実施します。

　ときには自分で工夫して実験装置を作るなど，実験を成功させるための過程には多くの学びがあります。

　そして，得られたデータをもとにして1つの事実を見いだすために，その結果をどのように考察し，わかりやすい形に表すかという点においても多くの学びがあります。

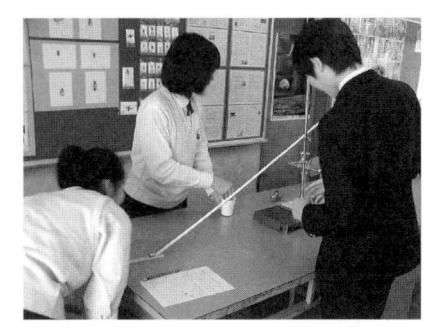

力学的エネルギーの実験

　つまり実験・観察および，結果の分析・考察というプロセスには，「①問題を正確に把握し，解決に向けての手段を構想し実施する」「②客観的な視点で現象を見つめ，事実を正確に理解する」「③結果を考察し導いた概念，事実をわかりやすく表現し，互いの考えを交流し，自らの考えや集団の考えを発展させる」という学びを含んでいます。

　これらは新学習指導要領においても，「知識技能の習得と思考力，判断力，表現力を育む学習活動」として，とくに重点が置かれています。つまり，多くの学びを含む実験・観察は単なる手段やリテラシーではなく，それを行うことそのものが，さきに述べた「自然を探究し，そこから学んだ事実から，自然と人間のつながりを考え，これを自分のよりよい生き方や社会の望ましい発展につなげる」という理科の学習の本質であるのです。

POINT❹　身近なものを教材に利用し，実物に触れさせる

　例えば，動物の身体の仕組みでは，肺や肝臓，心臓などの各臓器が取り上げられます。肺は写真やモデルでは肝臓などとなんら変わらないつくりに見えます。空気が出入りする肺胞という細かな袋の集まりだといっても，それはなかなかイメージできません。

　授業で実際に生物を，例えばニワトリを解剖し，からだのつくりを目の当たりにすればどうでしょうか。軟骨が輪状につながった気管と，柔らかいゴムチューブのような食道に手で触れ，つくりの違いを実際に調べてみた生徒は，その違いが機能に密接に結びついていることを理解します。

　このようにして実物に触れて，自分で調べて解き明かして得た知識はその活性度が違います。実物に勝る教材はないので，可能なかぎりそれらを手に入れ，提示し，生徒に触れさせることが重要です。

　また，それらは生徒自身の手で持ち寄らせたり，身近にあるものを使うことが大切です。教材会社などが作製した実験器具やモデルには非常に優れたものもありますが，生徒にとってそれらは特別なものであり，その特化した道具があるからできる実験なのだという意識をもたせてしまいます。言いかえれば「その道具がなければ実験できない」ということになり，その現象や法則そのものが特殊な存在で身近に起こりえないものになってしまいます。いかに簡単なものでも，教師や生徒が身近な材料で工夫した手作りの実験器具は，そのような特別なものという印象を排し，科学的な事象との距離を一気に縮めてくれる効果があります。

　また，かつての科学者たちは，自分の考えや理論を証明するための実験装置を自分で作るところから始めなければならなかったことにふれ，科学の進歩には多くの苦労や試行錯誤があったことに気づかせます。授業の中ではそれらの科学者の名前だけでなく，時代背景や苦悩や挫折，意外なエピソードなどを取り上げ，その科学者の生き方からも学ばせていきます。

POINT❺ 道徳的感性，態度や自然や命に対する畏敬の念を育む

　教師は「よりよい生き方につながる学び」がある授業を常に意識し，生徒が授業のさまざまな場面において生命尊重，豊かな情操，共生などにかかわる発見や学び，そして自己理解を深めていけるように教材を組み立てていくことが大切だと考えます。そのような道徳的な感性や態度は，道徳の授業の中にとどまらず，このように教科の中のあらゆる場面で生徒が考え，学ぶ機会をつくることで，より確実に身につきます。

　そして，そのような感性の伸長とともに身についた学力こそが，ほんとうの生きる力であることは，実際の実践を通して教師や卒業生の多くが実感しているところです。

　例えば，さきにふれたように，自然科学を発展させてきた科学者たちの生き様を取り上げることで，彼らのもつ飽くなき探究心と信念にふれ，1つのことを貫くことの尊さや，努力する人間の崇高さを感じ取らせます。また科学が戦争の兵器などに利用されてきた歴史から，時代の波の中での人間と科学，個人と社会の関係について考えさせます。

　現代の文明は，先人たちが試行錯誤と挑戦を繰り返すなかで創造されたものですが，完成されたものではありません。これからも人類は試行錯誤し新たな文化を築いていくでしょう。これから，その中心になって社会を創造する生徒たちに，学習とはこれまでの遺産を引き継ぐことに加えて，新たな価値を付加していくことであることを自覚させ，常に自分で考える態度を身につけさせることが大切です。

　ほかにも，生物に関する分野では，生物の体の仕組みと命の営みの巧妙さと，生物同士が支え合う繊細なバランス，そして生物の進化と多様性を学ぶなかで命の不思議さを感じさせ，命や自然を慈しむ気持ちを育むことをめざしてカリキュラムを構成していきました。軸になるのは「自然と命のつながり」です。具体的には，実践例の中でふれていきたいと思います。

3 実践例

1. 生物的領域の単元の再構成「自然と命のつながり」（3カ年）

　生物的領域は，1年次「植物の生活と種類」，2年次「動物の生活と種類」，3年次「生物の成長と増え方」「自然と人間」という大単元に分かれています。この領域全般を通して，無数の生き物がそれぞれの環境に適した生き方や形態を獲得し，互いに食う・食われるの関係でつながっている生態の不思議，そして生まれて与えられた時間を生きて子を産み死んでいく，現れては消えていく命の不思議さにふれ，「生物への畏敬と命を慈しむ気持ちを育むこと」と，「自然の中に生かされている人間の存在について生徒自身に考えさせる」という2つの目標を立てて単元の構成を行いました。それらを総合して「自然と生命のつながり」としています。

① 1年次「植物の生活と種類」〜植物と動物の密接な関係〜

　植物とは光合成を行う生物であり，その体は植物の生活に適した機能や形態を備えています。それらの形態をもとにさまざまな分類がなされていることや，日光や水という植物の生育に欠かせない要素をより効率的に取り入れるために植物がどのような機能を備えるようになったのかを，藻類から胞子植物，種子植物へと続く進化を取り上げて学習しています。

　身近なところでは，カンサイタンポポとセイヨウタンポポの生態を通して植物の生存戦略を考えます。これは後の外来種と環境の問題にも関連します。この一連の学習の中で植物と動物は生殖や食物としてのつながりを通して密接に関係していることにも注目させます。

② 2年次「動物の生活と種類」〜動物に必要な機能〜

　生物のからだのつくりを細胞というミクロな視点で解き明かし，その集合体としての生物が生きていくためにどのような戦略をとっているのかを

考えていきます。

　1年次の「植物の生活と種類」を振り返り，動物と植物の生活の違いから，動物に必要な機能について考えさせます。ここで動物とは突き詰めれば，ミミズやナマコのようにえさをとり入れて消化し，栄養分を吸収する管であること，この管がより効率よく生きていくために，さまざまな機能を備えるにいたったことを全体の流れの骨格にして展開していきます。

③3年次「生物の成長と増え方」「自然と人間」～命のつながりをテーマに～

　3年次は，ここまでみてきた植物や動物の生活や体の仕組みを，命のつながりを主題において考えていきます。1つは「親から子への命のつながり」，つまり個体としての生物の生殖と遺伝のメカニズムをミクロな視点で解き明かします。もう1つの命のつながりは，食う・食われるという連鎖の中での物質循環を通して，「生物同士の相互関係や環境と生物のつながり」をマクロな視点でみていきます。そしてこれら命のつながりは「自然と人間」単元において，現在の地球環境の問題の学習に集約します。

2．実物の観察を通して探究し，科学的思考力を高める

　実物を活用するという授業の展開を，動物の生活と種類の単元を例に考えてみます。

①骨格標本による運動機能の探究で，動物の歴史を実感させる

　さまざまな動物（ネコ，イヌ，タヌキ，ブタ，イノシシ，シカ，ウマ）の頭骨や骨格（ほとんどが生徒が拾ってきた物です）を使って，その機能を学習します。

　食性による歯列の違いや頭骨の形の違いに始まり，脊椎動物の全身の骨格を観察します。例えば，上腕は一本，前腕には二本の骨がありますが，なぜそのような形になっているのかを考えさせます。それが手首の旋回運動につながることがわかると，次に前腕部が一本の動物があるとすれば，どんな生活をする動物なのかを考えさせます。このようにして骨の形態と

機能が動物の生活に関係していることが理解できます。

また、生徒には骨に関するレポートを作成、発表させますが、そのなかで骨が筋肉の運動などに欠かせないカルシウムの貯蔵場所になっていることなど、骨が運動機能以外に大切な働きをもっていることを見いだす生徒もいます。

これらのレポートの発表をお互いに交流させるなかで、脊椎動物が歩んできた長い歴史の中でさまざまな適応があり、その機能や形態を獲得してきたことを学ばせます。

豚足骨格標本（生徒作品）

ここで選択授業という形で、ブタの肢の骨格標本を作製させました。実際に豚足を煮て食し、骨を取り出して清掃漂白し再び組み立てました。実物の骨格標本を自分で作る過程を体験し、骨格のつくりがより詳しく観察できます。その結果、ブタの足先はたくさんの微細な骨が組み合わさっており、形態は違っていても同じほ乳類である人間と多くの共通点があることに気づいたり、軟骨や腱の付き方を知ったり、骨端の成長線の存在を見つけるなど、多くの発見が得られました。

②解剖実習で事実を感じ、命への感謝を体感させる

血液循環や呼吸、消化吸収の機能の学習、消化酵素の実験などを行った後、これまでの学習で知り得たことを実際のニワトリを解剖することで確認していきます。

解剖実習の是非についてはさまざまな意見があります。近年はCGによる視聴覚教材も充実してきていますし、生命尊重の考え方からも動物の命を奪う解剖は避けるべきという考え方もあります。しかし、実物にしかもち得ない、圧倒的な事実をしっかり感じ取らせるためには、解剖実習は重要だと考えます。目的は身体のつくりの観察なので、生きたニワトリを使

う必要はありません。解剖には食用の処理がなされたもの（内臓は残っているが，羽根は抜かれており，放血済みのもの）を使います。

実習に先立って，まずガイダンスを行います。事前に教師が作製しておいたDVDの映像を見せ，解剖の進め方や調べるべきポイントについて確認します。また，段階を踏むことでこれまで経験のない解剖に慣れさせる意味もあります。この過程を経ることで生徒の興味が増し，解剖実習が非常に円滑に進みます。

また，生き物（この場合は死んだニワトリを使いますが）を解剖するということで，命をもっていた生き物に対する心情的な指導も必要です。本来，人間が食べるために育てた家畜であっても命にかわりはなく，この命を育てるために多くの生き物の命が必要なことや，人間もほかの命のおかげで生かされていることを考えさせます。

そのうえで実際の解剖に入ります。生徒は自分でゴム手袋を持参し，積極的にはさみやピンセットを持って謎を明らかにするために徹底的に解剖していきます。なかには解剖に対する嫌悪感をもつ生徒もいますが，そのような場合には無理にはさせません。しかしほかの生徒とともに行うなかで交替しながら少しずつ手を出し，ほとんどが最後には興味をもって熱心に取り組むようになります。

ただし，これら内臓器官は病原菌を含む可能性があるため，取扱いや事後処理には十分な注意が必要です。また，解剖後のニワトリはゴミとして扱うことなく，命への感謝を感じさせるようなていねいな処置がされなければなりません。

③実体験が，生きた知識や経験として刻まれる

解剖が進むと，とくに指示しなくても生徒は頭部も切り開き脳や眼球，脊髄まで解剖していきます。透明な水晶体を取り出し，プリントの文字が拡大して見えることに感心し，レンズとしての働きに納得します。ほかにも，生徒はこれまで学習してきたことを確認しようとしてさまざまな発見

をします。生徒は血液や内臓のグロテスクさに最初は少しとまどいますが，すぐに慣れていきます。

　生徒がはっとするのは，においです。消化器官を開いたときのにおいというのは強烈で印象に残ります。写真やビデオから残る記憶には，このにおいや手に持ったときの質感などはありません。実体験から学ぶというのは，自分の五感すべてでその対象と対話することであり，その結果として学習内容が生きた知識や経験として自分の中に残されていきます。

3．身近な問題を通して，自然や命に対する畏敬の念を育む

　この単元の達成したい主題は，「自然や生物への畏敬と命を慈しむ気持ち」と「自然の中に生かされている人間の存在について考える」の2つです。そこでここまで生物のつくりや機能，生活についての学習をしたうえで，命というものについて考えさせる課題を与えます。科学的な真実のうえに立って，命を見つめ直すという学習をするのです。つまりこれが，初めに述べた，「自然科学を学び，それをどのようによりよい生き方に生かしていくのか」ということなのです。展開の1つの例を紹介します。

①外来生物と環境問題の解決方法を考えさせる

　生徒に事前に外来生物に関するレポートを作成させます。日本の自然環境の中で外来生物がどのような影響を及ぼしているのか，どのような経緯で持ち込まれたのか，現在どのような対応がなされているのかを調べさせます。そして自分がこの問題に対してどのような意見をもっているかについてまとめさせ，これをもとにして，展開していきます。

　まず，各自の調べたレポートを発表し交流することで，外来生物による環境への影響の現状といまにいたった経緯を明らかにし，解決方法を考えさせ，話し合わさせます。

　次に，外来生物の増加の一因である，ペットブームの問題にふれます。人間の都合で生産され，外国で捕獲され移入されるペットの状況や，物の

ように生産され，途中で飼育放棄され，遺棄されたり殺処分されるペットの状況を，資料VTRやNGOが作製したパネルなどを利用して見せました。また，動物愛護センターの方の思いなども聞かせ，これらを通して多くの生徒は人間の身勝手さ，動物の悲惨な状況に大きな驚きと憤りを感じます。

　ここまでで，外来種の増加に対する危機感から，それらの駆除処分は避けられないという考えと，人間が勝手に生物を殺処分することへの憤りという，命の重さに対する不均衡が生じてきます。その結果，問題点が人間の身勝手さや社会の生み出すゆがみに焦点化していきます。

　この学習では正しい答えを教えることが目的ではありません。このような課題に接して，解決をめざして自分の考えを人に伝え，さまざまな人の意見を聞くなかで，何が正しいのかを自分で求めようとする気持ちを引き出すことが目的です。この学習の2つの主題のうちの1つであった「自然や生物への畏敬と，命を慈しむ気持ち」が心の深いところで形づくられ，豊かな知性と人間性の醸成につながる小さな芽を生み出すと考えます。

② 命のつながりを考えさせる

　3年次では，巧妙な遺伝の仕組みや，生命進化の歴史にふれ，「親から子への命のつながり」を考えていきます。複雑で奇蹟としか言いようのない人間の身体が，ごく小さな細胞核の遺伝子によって連鎖的に構築されていく不思議さにふれるなかで，生徒はあらゆる可能性を秘めた命の崇高さを感じ取ります。これはミクロな視点から見た命のつながりです。

　また，遺伝子組みかえやクローン技術などの生命科学の到達している最前線にふれ，この技術の期待される面と憂慮される面を小集団で考えさせ，その結果を報告させます。

　このように，科学技術が使われることによってどのような結果が生じるのか，そしてそれを受け入れるのか否か，というわれわれの未来の選択にかかわることは，一部の科学者たちが考えることではなく，正しく運用さ

れるように自分たちが地球市民的な視野で関心をもち，考えていくのだという態度が育っていくと考えます。

　もう１つの命のつながりは，食う食われるという連鎖の中での物質循環を通して，マクロな視点で見る「生物どうしの命のつながり」です。これは環境との関係を絡めて考えていきます。

③いまと未来のためにとるべき行動を考えさせる

　「自然の中に生かされている人間の存在について，生徒自身に考えさせる」ということが，この学習のもう１つの大きな主題です。

　現在の地球環境の問題についての学習から始めます。地球を密閉された水槽に例え，実際にこれを作って観察します。そのうえでわれわれを地球という宇宙船の乗組員として見立て，どうすればこの宇宙船を破滅にいたらせずに航海を続けられるかを生徒に考えさせます。

　生徒には地球環境のさまざまな問題点をまとめたレポートを作成，発表させます。例えばそのなかで，「エコ」と考えられる品物や行動がほんとうに間違いないか議論します。多面的な視点で考えると，一方でエコといわれることが他方では環境に大きな負荷をかけていることもあります。

　生徒は情報をうのみにしたり，一面的な考え方でものごとを判断しがちです。同じテーマを多くの生徒がさまざまな面からとらえ，意見を出し合うことで，より多面的なとらえ方ができ，ひいては日本さえよければという考えがその中に隠れていることを見抜き，よりグローバルな立場でものごとを考える姿勢をもつようになります。

　いまが未来にどうつながるのか，未来を変えるためにどのような行動をとるべきかということを真摯に考える態度を育てることは，単元の目標であり，それは「この世界で自他の価値を感じて生き，自然と共存する文化を創造し，未来永劫に人々が幸せに暮らしていける社会を創造する」という，よりよい生き方として生徒自らが体現していくことにほかなりません。

5▸▸音楽

ほんとうに楽しむことができてこそキャリアとなる

1 教科としての音楽を学習させる意義

◆音楽の本質をキャリアへ！

　教科としての音楽を学習させる意義，それは子どもの発達段階によってさまざまですが，いずれにせよ，「子どもに『音楽は，音を媒介とした感情表現であり，人類の共通語となりうるもの』という音楽の本質をさまざまな音楽活動を通してとらえさせつつ，音楽というものがよりよい生き方につながるという実感をもたせること」ではないかと考えます。

　現代の子どもの多くは日常的に何らかの音楽に接している状況です。テレビやプレーヤーから流れてくる音楽を聞いたり，カラオケで歌ったり楽器を演奏したり，音楽に接しない日はないといってもいいでしょう。

　このように，さまざまなところで接している音楽ですが，果たして，それらがよりよい生き方につながっているかと問うと，「そこまでは……」と答える子どもが多いのではないかと思います。とはいうものの，好きな音楽を聞いたりカラオケで歌ったりすることは，その子どもにとっては共感するものでしょうから，「多少なりともよりよい生き方につながってい

る」と感じていたり，そのように答えるかもしれません。

　一方，教科としての音楽についてはどうでしょうか。授業で学習する音楽が日常的に接する音楽と同程度，つまり，「よりよい生き方にまでは……」というものであるとすれば，教科としての音楽を学習させる意義はさほどないことになってしまいます。「よりよい生き方につながる，つながっている」という実感を，子どもたちにもたさなければなりません。

　言うまでもなく，教科としての音楽は，音楽教室における個人レッスンのそれやカラオケなどの娯楽とは異なるものです。学校というところは，集団の中で自他（自己，他者，環境・文化など）とかかわり，これらを通して学びを獲得しつつ，互いに高め合っていく場であるわけですから，子どもがこうした場で，主体的に音楽に取り組むことが重要であって，その中での学びが，よりよい生き方につながらなければならないのです。そのためには何よりもまず，子どもがこうした取組みをすることができるための基礎・基本を身につけさせることが重要になります。

◆**音楽の基礎・基本を身につけさせる！**

　では，教科としての音楽における基礎・基本とは何でしょうか。さまざまな考えがありますが，「これが礎としてあるからこそ，主体的に取り組むことができるもの」と考えたとき，

○楽譜の読み書きとそれを再生することができる力（音楽的リテラシー）
　＝基礎

○それらを生かそうとする姿勢＝基本

なのではないかと考えます。

　このような考え方に対して，「歌おうとする気持ちこそ大切である」という答えが返ってくることがあります。確かにこれは非常に大切なものですが，基礎・基本というよりは，もっと根源的なものなのではないかと考えます。すべての人とは言いませんが，就学前の小さな子どもは，体を揺らし，音程そっちのけで大きな声で歌います。また，学生や大人もカラオ

ケでは同じようによく歌います。こういう姿を見ると，歌うという行為は，人間が生来もっているものなのではないかと思うのです。

　しかし一般的な中学生を見た場合，あまり歌わない姿をよく見ます。一方で，「授業では歌わないが，カラオケだったら歌う」という声を聞くこともあります。こうしたことからすると，中学生があまり歌わないというのは，思春期の一時的な現象というよりも音楽の授業というものに問題があるのかもしれません。

　「歌おうとする気持ち」を教科としての音楽における基礎・基本とするという考え方は，もしかすると，音楽の授業が，「歌う」という人間の生来もっているものを阻害してしまっているという表れかもしれません。

◆**授業スタイルの検証**

　先に，「音楽の基礎・基本は，『音楽的リテラシー＝基礎，そして，それらを生かそうとする姿勢＝基本』なのではないか」と述べました。これがすべてというわけではありませんが，これが身についていなければ主体的な取組み（音楽活動）は恐らくできないでしょう。果たして，いま，行われている音楽の授業において，主体的な音楽活動ができている子どもはどれくらいいるのでしょうか。

　「教師が選曲した曲を教師が先に歌い，子どもはそれを真似して歌う」，「教師が選曲した曲をCDやDVDで見聞きし，子どもはそれについての感想を書く」，このような授業をすべて否定するわけではありませんが，このような授業内容が音楽の授業の大半であるという生徒にとっては，自分が主体的な活動をしたという実感をもつことはまずないでしょう。やはり，主体的な音楽活動には，音楽的リテラシーを身につけ，それをもとに，自分の力で音楽を楽しむことが大切なのです。

◆**発達段階に応じたスパイラルな学習**

　中学校入学時点の生徒は，ピアノ等を習っている者は比較的スラスラと楽譜が読め，そうでない生徒はほとんど読めないというのが大方です。中

学校の立場から言うと，小学校段階できちんと音楽的リテラシーを身につけさせておいてもらいたいと言いたいところですが，時間数や設備の充実度など，さまざまな要因で致し方ない面があるのでしょう。しかしながら，これを中学校の3カ年だけで身につけさせるのは，かなりむずかしいことです。したがって，発達段階に応じたスパイラルなカリキュラムと，それを構築することができる校種を越えた連携体制が重要となります。

「幸い」という問題ではないのですが，新学習指導要領の内容には，小・中ともに，これまでの「表現領域」と「鑑賞領域」に，新たに「共通事項」が加わりました。中学校のそれは全学年とも，

○「『表現』及び『鑑賞』の指導を通して，音色・リズム・速度・旋律・テクスチュア・強弱・形式・構成などの音楽を形づくっている要素や要素同士の関連を知覚し，それらの働きが生み出す特質や雰囲気を感受すること」

○「音楽を形づくっている要素とそれらの働きを表す用語や記号などについて，音楽活動を通して理解すること」

というものです。これまでも，このような事項は，音楽活動を行ううえでは欠かせなかったはずですが，学習指導要領に記載されていなかったため，その指導に重点が置かれなかったのかもしれません。

初歩的な音楽的リテラシーが身についていないというのは大きな問題です。これが身についていない1人の人間の人生を考えたとき，その者の音楽は，せいぜい聞き覚えした曲をカラオケで歌うといった程度となるのではないでしょうか。カラオケに喜びを感じることは悪いことではありませんし，その曲に自分の心情を重ね合わせて歌うことは素敵なことです。しかし，聞き覚えした曲を歌うレベルを主体的な音楽活動とは言わないでしょう。このようなことでは，音楽を教科として設定する必要はありません。なぜなら，現に，十分な音楽教育を受けていなくとも，カラオケを楽しんでいる人は万といるからです。

2 カリキュラムの構築にあたって

POINT❶ 縦断的・横断的・総合的なカリキュラムを構築する

　中学校における音楽の授業時間数は，第1学年が45時間，第2・3学年がそれぞれ35時間と定められています。これを多いと感じるか少ないと感じるかは別として，この時間数で生徒に音楽を学習させ，そこでの学びが，生徒のよりよい生き方につながるようにしなければなりません。そのためには，いかに効率のよいカリキュラムを構築し，展開することができるか，ということが重要となります。

　「効率のよい」というと，単に時間的なこととととらえがちですが，それだけでなく，他教科や他学習との関係，つまり，カリキュラムを横断的・総合的にとらえ，内容的に関連しているものを同じ時期に行うなどして，まとめると効率のよいものになります。とかく，中学校というところは，「他教科のことはよく知らない」や「ほとんど知らない，まったく知らない」というところが多いのではないでしょうか。また，ある程度知ってはいるものの，「他教科にもの申すというのはタブー」という雰囲気や傾向があるのではないでしょうか。

　1つの学校において，1人の生徒の人格の完成をめざすというのに，各教科やさまざまな学習が緊密な連携をとっていないというのはおかしなことです。まず，他教科・他学習の目標や内容などを知ることが，効率のよいカリキュラムを作ることとなり，生徒にとっても有益となります。

　音楽に関していえば，例えば黒人霊歌を扱うとき，社会科では黒人差別や公民権運動について学習し，英語科ではその歌詞やキング牧師の"I Have a Dream"を教材にしているかもしれません。また，道徳の時間では，差別や人としてのあり方を学習しているかもしれません。もし，他教科や他

学習でこういった内容を学習するのであれば，同じ時期に単元を設定すればよいのではないでしょうか。そうすれば，「アメリカの歴史」とし，総合的な学習の時間として設定することもできるでしょう。

効率のよいカリキュラムというのは，単に時間的なことだけでなく，分化されている学びをより統合しやすくするということでもあるのです。

他方，他教科や他学習との関連だけでなく，教科としての音楽における４つの領域を横断的にとらえるということも重要です。音楽科には，歌唱・器楽・創作・鑑賞という４つの領域があるわけですが，これらを別々に扱うのではなく，いくつかの領域にまたがる単元や４つの領域をすべて含み込んだ単元を作ると効率的です。後述する「ギターを用いた弾き語り」のように，ギターを弾きながら歌を歌い，その曲の前奏や後奏を考えたり弾き方を工夫したり，他の者の演奏を評価し合ったりすることによって，４つの領域を含み込んだ内容となります。

こうした単元によって生徒を評価するには，指導要録における４つの観点による評価規準表を作成しておく必要がありますが，評価基準を明確にしておけば，評価に際しても混乱することはなくなります。これは，その単元の目標を再確認することにもなり，同時に，生徒のよりよい生き方につながるものであるかどうかを確認することもできるでしょう。

縦断的なカリキュラムに関しては，そもそも，カリキュラムは発達段階に応じて教育内容を配列したものであるため，わざわざ「縦断的」といわなくてもいいものです。しかし，ここで敢えて「縦断的なカリキュラム」というのは，カリキュラムというものが，果たして縦断的に考えられているのであろうか，という疑問をもつことがあるからです。もし，子どもたちの発達段階に応じたカリキュラムが構築され，展開されているのであれば，初歩的な音楽的リテラシーは身につくのではないでしょうか。音楽的リテラシーが身についていないということは，縦断的であるはずのカリキュラムが縦断的なものにはなっていない可能性があるということです。

POINT❷　教材とする曲を吟味する

　カリキュラムを構築する際，題材とする曲が重要であることはいうまでもありません。その曲を通してさまざまな力を身につけさせるとともに，豊かな感性を育むにはどんな曲が最適か，これはなかなかむずかしいことです。歌唱の場合は，変声という発達を成長しなければなりませんし，思春期にある中学生は，素直に表現するということをしなくなる傾向がありますから，そういった時期であっても，生徒が主体的に取り組むような曲を選ばなければなりません。そのうえで，それらがよりよい生き方につながるようにしなければならないわけですから，単に「教科書に載っているから」という理由で選曲するわけにはいきません。

　中学校の現行の学習指導要領では，それ以前に示されていた歌唱・鑑賞の共通教材がなくなりました。これは，各学校が，地域や生徒の実態に即した多様な音楽活動を展開することを意図して示されないことになったのですが，共通教材だけで年間時数を消化してしまうという現場の声も，その背景にあったのでしょう。いずれにせよ，学習指導要領の内容に共通教材が示されなくなったことで，カリキュラム構築の自由度は増しました。

　ところが，今度の新学習指導要領において，歌唱共通教材が復活したのです。学習指導要領の目標に「音楽文化についての理解を深め」という文言が追加されたことによるのでしょうが，学校現場から「何を選曲すればいいかわからない」という声があがったこともあるようです。これでは，教師の力量不足と言われても仕方がないでしょう。

　生徒が取り組みたいと思うような曲であれば，それによって音楽的リテラシーを身につけさせることも少しは容易になることでしょう。もちろん，生徒の気に入る曲という観点だけで選曲するわけではありませんが，その曲に興味をもつかもたないかは，生徒のよりよい生き方につながるばかりでなく，効率的な授業を進めるうえで非常に重要なことです。

POINT❸ 指導内容を厳選する

　選曲もさることながら，子どもたちの主体的な学習や音楽活動を考えた場合，ほんとうに彼らの役に立つ指導内容を厳選する必要があります。とくに，中学校卒業後進学しない者や，高等学校の芸術では音楽以外のものを選択する者にとっては，中学校での授業が一生で最後の授業となる可能性があるわけですから，そういった意味ではとくに重要になります。

　そこで，どのような内容を学習させるべきか。例えば，音楽家になるためには調性の理解は不可欠ですが，果たしてすべての生徒に調性を理解させることは必要なのでしょうか。演奏する際に，調子記号や臨時記号を適切に使えるということは大切ですが，調性や，それに伴う和音記号がさほど役立つとは思いません。むしろ，調性の理解でつまずく生徒は多く，それが原因で音楽に対する意欲が低下するのではないかと思うほどです。

　新学習指導要領でも，唱法に関しては，「適宜，移動ド唱法を用いること」となりました。現行では「原則」とある部分が「適宜」となったことは，生徒の実態からすると歓迎すべきことです。正確な実態調査があるわけではありませんが，近年は，移動ドよりも固定ドの生徒が増えてきた現状があります。したがって，和音に関しては，和音記号ではなく，調性に関係のないコードネームを教えることが肝要であると考えます。何調であろうとも「ド・ミ・ソ＝C」，これは非常にわかりやすいことです。

　新学習指導要領および平成20年7月に文部科学省が出した『中学校学習指導要領解説　音楽編』においては，「全体の響き」に関しての記述はあるものの，「和音記号」および「コードネーム」という言葉は一切出てきません。しかし学校という共同の学習の場で和音（コード）を学習することは重要であり，作曲や演奏の際には非常に役立つものです。コードはキーボードやギター，作曲へとつなげることができる絶好のツールとなるでしょう。

POINT❹　コードを活用する

　小学校において，ソプラノリコーダーや鍵盤ハーモニカは全員が学習しているはずですから，簡単なメロディーであれば，いずれかの楽器で奏でることができるはずです。しかし，多くの子どもは旋律のみの曲は好まないでしょう。やはり，ハーモニーが加わると音楽の幅が広がり，音楽の豊かさを実感するのではないかと思います。

　合唱は複数の子どもの歌声でハーモニーを奏でますが，楽器はハーモニーを1人で奏でることが可能です。それができる楽器，中学校段階では，キーボードかギターが最適ではないかと思います。

　ひと昔前なら高価だったキーボードは，ここ数年は非常に安価になり，本格的なシンセサイザーではなくともさまざまな音色を出すものもありますから，できるだけ数多くの楽器を準備することが望ましいと思います。また，ギターは，数種類のコードをストロークによって弾けるようになるだけで，音楽に対する関心はかなり高まるでしょう。そして，技能の高まりとともに，エレキギターやエレキベースにも興味をもつようになり，いろいろな演奏法やコード進行にも関心をもつようになりますから，とくに，キーボードが苦手という生徒には，ギターを弾くことができる技能を身につけさせることがよいでしょう。

　コードを演奏することができると，伴奏として演奏できるし，コードのしくみを理解したりコード進行を利用すれば，作曲や簡単なアレンジをすることもできます。簡単な伴奏や弾き語り，作曲・アレンジができればバンド演奏へもつなげることができます。バンドは多くの生徒の憧れですが，音楽的リテラシーが身についていなければ演奏できないでしょう。生徒が憧れることを実現させることは，教育の成果です。コードを教えることは，いまの子どもたちにとって非常に有効であり，音楽をよりよい生き方につなげることができるものと考えます。

音楽

POINT❺　音楽的リテラシーを身につけさせる手だて

　いうまでもなく，一般的に旋律というものは，リズムと音高の組み合わせでできています。そのリズムを構成する音符が，義務教育段階では，せいぜい8種類程度。音高もオクターブ内で考えればわずか12音です。この音符と音高の組み合わせでできている旋律は，アルファベットを覚え，それを組み合わせて単語を作り，その単語を組み合わせて文を作る英語に比べると，はるかに単純といえます。

　これほど単純なものであるにもかかわらず，義務教育の9カ年の間に楽譜の読み書きができないという子どもは実に多いのが現状です。これは，子どもの能力や努力ということもあるでしょうが，指導法に問題があるといわれても致し方ないと思います。音楽の授業で，まったく五線譜を用いないということは考えられませんし，あってはならないことです。また，五線譜を頭の中で再生するということはできなくても，リコーダーやキーボードなどを使えば再生できる，この程度は教科としての音楽にとっては最低限の音楽的リテラシーです。

　多くの中学校では，校内合唱コンクールを開催しています。その合唱練習の多くは，音楽の授業でなされるわけですが，その際，各パートの音取りは，パートごとにメロディーが収録されているCDを使う学校があります。CDプレーヤーがあればいくつかのパートが同時進行で練習できるとのことでしょうが，これは「聞き覚えした音楽をカラオケで歌う」のとさほど変わりません。これでは，生徒は主体的に音楽に取り組んでいるとは実感しないのではないでしょうか。

　一人一人に音楽リテラシーが身についていれば，パートリーダーを中心に，主体的な練習ができると思います。楽譜には作者の思いが込められており，それを自分たちで解釈し，再生し，また解釈し，そうやって合唱を作っていくことに意義があるのです。

POINT❻　再生中心から創作中心の内容へ！

　音楽の授業は，歌唱にしろ器楽にしろ，再生を中心とした展開がなされているのではないでしょうか。創作に関してはあまり学習させていないというのが多くの学校現場の実情なのではないかと思います。

　創作というと非常にむずかしいものと感じるようですが，旋律はリズムと音高を組み合わせればできるわけですから，音楽的リテラシーが身についていれば，さほどむずかしいものではありません。また，コード進行にしたがい，コードに含まれている音だけを用いてメロディーを作れば，ある程度まとまりのある曲を作ることもできます。

　名曲なるものを作るとなると，それは至難の業となりますが，中学校における音楽の授業では，音楽における基礎・基本を生かせば，自分にも作曲ができるという実感をもたせることができるでしょう。

　創作には，アレンジも含まれます。リズムを変えたり，音色を変えるなどさまざまな方法がありますが，オブリガートはコードを応用することで，以外に簡単につけることができます。メロディーにオブリガートをつけ，ハモることができたとき，生徒は音楽の楽しさを実感することでしょう。

　3年間の中で一度は学習する和楽器においては，作曲は非常に簡単です。例えば，箏を用いたとき，平調子に調弦した箏の弦を適当に弾くだけで，日本的な雰囲気を奏でることができます。邦楽は和音を伴わない単旋律のものが多く，そこには，日本独特の美しさがありますので，コードを学習させる前の学習として効果的です。和太鼓の場合は，いくつかのリズムパターンを練習させれば，ほとんどの生徒はすぐに即興的に叩きはじめます。何人かでのセッションをすることができれば，生徒は大いに和太鼓の魅力を感じるとともに，音楽の楽しさを実感するでしょう。

　再生中心の音楽から創作中心への転換は，文化の継承から文化の創造となるものであり，よりよい生き方にもつながるものと考えます。

音楽

3 実践例

1. コードの学習

　本校では，入学から卒業までの３年間，コードの理解とそれを生かした学習に重点を置いています。第１学年では，$C \cdot F \cdot G_7$の３つのコードをギターで弾けるようにし，第２学年ではギターで「なごり雪」を弾き語りします。第３学年では全員がギターを選択するわけではありませんが，「Hey Jude」および自由曲をグループで編曲し，バンド演奏します。これらは，とくに，生徒が意欲的に取り組みます。「音楽は，音を媒介とした感情表現であり，人類の共通語となりうるもの」という音楽の本質を実感しているのでしょう。

学習時期	学習させるコード	学習内容
第１学年前期	$C \cdot F \cdot G_7 \cdot (G)$	３種類のコードの構成音を覚え，「家路」や「明日があるさ」などをギターで弾き語りをする。
第１学年後期	$D_7 \cdot Em \cdot E_7 \cdot Am$	４種類のコードをギターで弾けるようにし，「なごり雪」の準備をする。
第２学年前期	上記の７種類のコード	メジャー・マイナー・セブンスコードの仕組みを理解し，「なごり雪」や「夢の世界を」をギターで弾き語りする。
		教師が提示するコード進行に基づき，二部形式の曲を作る。コンピュータも利用する。
第２学年後期	すべてのコード	２分以内の曲を作り，自分で演奏（作曲発表会）する。
第３学年前期	すべてのコード	「Hey Jude」をグループで編曲，バンド演奏する。（バンド課題曲）
		グループで自由に曲を選び，バンド演奏する。（バンド自由曲）
第３学年後期	すべてのコード	総合的な学習の時間「Moving Art」の作曲。

第1学年は，多くの者が，ギターを弾けるというだけで，授業に強い関心を示します。日ごろ，ビジュアル的にもカッコイイと感じているであろうバンドや，その中で体を揺らしながらエレキギターを弾いている姿に憧れているようです。授業で用いるアコースティックギターも基本的にはエレキギターと同じということを知り，さらに関心をもつようです。授業で学習する内容は，第6弦から第1弦に向かう音階と，C・F・G₇の3種類のコードだけですが，コードはストロークを工夫することによってさまざまな感じを出すことができるため，生徒は楽しく練習に取り組みます。

　第2学年では，第1学年で学習したコードを生かしてギターの弾き語りをします。中2ともなれば，好きな人へのせつない思いや恋のはかなさなどはある程度理解できるでしょう。思春期に恋というものを考えることは人として大切なことです。「なごり雪」は1974年に作られた古い曲ですが，現代の子どもたちにも感銘を与える，教材に適した一曲であると思います。この「なごり雪」を，ギターで弾き語りをするというのが課題です。

　ギターを弾きながら歌う姿は，多くの者の憧れで，自分もそのようにできるというのは素敵なことと感じるようです。ギターの弾き語りをするためには，歌唱力とギターの基本的な奏法を身につけるだけでなく，コードのしくみを理解したり，表現の工夫をしなければなりません。歌とギターを一体のものとして演奏するというのはかなりむずかしいことですが，表現技能を高めるためにも，心の成長を育むためにも効果的であり，心の開放度を広げることにつながります。

　調は，声域と難易度の低いコードで弾けるよう，ハ長調のものを使います。この場合に用いるコードは，C，D₇，Em，E₇，F，G，Am の7種類ですが，中学校段階で学習させるコードは，この7種類程度で十分だと考えます。このコードさえわかれば，生徒の多くが日ごろ聞いているポップス系の伴奏くらいは演奏できるようになります。また「なごり雪」のコード進行はほかの多くの曲とよく似ているので，楽曲のしくみを学習すること

音楽

もできますし，作曲にも生かすことができます。また，次に示す「Hey Jude」に使うコードは，この7種類のほかにはC_7と$B^♭$が出てくるのみで，スパイラルな練習課題となります。

　第3学年で演奏する「Hey Jude」は，その歌詞にあるとおり，曲によってだれかを励ますことを目標にしています。その目標を達成するためにはどのように演奏すればいいかということを話し合わせ，自分たちでアレンジさせ，演奏させます。メロディー譜に歌詞とコードネームしかついていない楽譜をもとに，自分たちでアレンジして演奏する様はまるでミュージシャン気分……6・7名のバンド演奏は楽しそうです。その楽しさは，これまで身につけてきた音楽的リテラシーが役に立っているということを実感しているからではないかと考えます。また，こうした音楽的リテラシー以外に，人間関係や計画性など，さまざまな要素がかかわってきますので，キャリア発達にとって，非常に有意義な学習となります。

2. 作　曲

　自分の思いを音楽で表現するには，既成の楽曲に自分の心情を重ねて奏でる方法もありますが，自分で作曲するのが一番です。新学習指導要領では，現学習指導要領の「創作」を「作曲」としようとした経緯があり，結果的には「創作」のままとなったのですが，学校外で特別な音楽教育を受けなくても，中学生が作曲をすることは可能です。ましてやいまはコンピュータ時代。作曲ソフトはフリーソフトも含めると数え切れないほどあります。

　新学習指導要領の「指導計画の作成と内容の取扱い」には，「コンピュータや教育機器の活用も工夫すること」とあります。コンピュータを使う作曲（DTM）は，非常に便利なものですが，これは五線譜を理解していないと使いこなせません。やはり音楽的リテラシーが身についているというのは，主体的な音楽活動をするためには不可欠なものなのです。

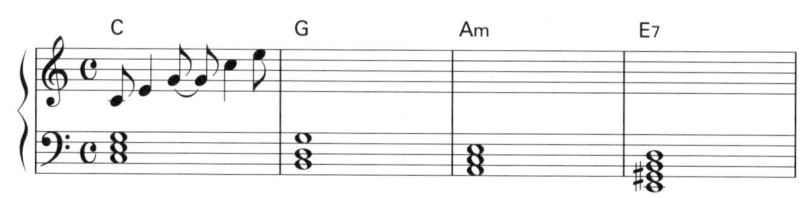

作曲ソフトを用いた作曲例
（コードとへ音譜表は教師があらかじめ設定しておく。）

3. 授業全般を通して

　明治の学制発布以来，日本の音楽教育は，再生中心の教育がなされてきたといえるでしょう。ある楽曲を自分の心情と重ね合わせ，豊かに表現することは大切なことです。しかし，実際の授業場面では，子どもたちは教師の指導に従っているにすぎず，「再生マシーン」と化しているだけではないかと感じることがあります。これでは，当の子どもたちは音楽という教科に学習意義を感じ，音楽に対する真の喜びを感じることはないのではないかと思います。「基礎・基本があるからこそ主体的に取り組むことができ，だから音楽は楽しい」と感じなければ，遠くない将来，教科としての音楽はなくなってしまうかもしれません。

　このように書くと，「『基礎・基本』を叩き込む」ととらえられてしまうかもしれませんが，そうではなく，音楽活動を通して身につけさせるというのは，学習指導要領の目標にあるとおりです。

　音楽を学習させる意義は何でしょうか。子どもが，自分の思いを音楽を媒介として表現することでほかへ働きかけることができたり，音楽を聴くことによって豊かな精神生活を送ることができるようになるといったことではないかと考えます。このような音楽教育は理想的な姿であるわけですが，その実現をめざしてこそ，教科としては音楽に価値があり，こうした授業によって子ども一人一人が身につけた力や感性をよりよい生き方につなげていくことができるのではないかと考えます。

6 ▶▶▶ 美術

美術を学ぶことは人間を学ぶこと

1 教科としての美術を学習させる意義

◆**人間に必要なものだから，美術は時空を越えて生き続けてきた**

　美術には絵画，彫塑，デザイン，工芸などさまざまなジャンルがあります。表現方法，素材，美しさの解釈などに違いがありますが，共通して言えることは，それが創造行為であり，自らの手と頭と心を使っているということ，そして完成に至るまでに膨大な時間を費やすということです。

　この数行の説明だけでも，美術は現代社会が向かおうとしている方向とは逆の方向を向いているというのが，それとなくわかるのではないでしょうか。しかし，それは逆行，あるいは現代社会に背を向けた逃避では決してありません。美術の世界にも電子機器が導入されるなど，様式は変化していますが，手と頭と心を使い，膨大な時間をかける創造行為であるというところは，それほど変わることはありません。

　数百年の長きにわたって多くの芸術家は筆を握り，絵の具をキャンバスに塗り，粘土をひねり，大理石を彫ってきました。もしそれが不十分な様式であったのならば，変革は幾度もあったはずですが，数百年にわたって

受け継がれているということは，それがすぐれたものであるということの表れなのでしょう。

　また，美術が人間によって成され，かつ人間が美術を享受してきたということは，それが人間にとって良い影響や結果をもたらす行為であると認められたからこそ，行われ続けたととらえることができます。数百年の時の流れは，美術が人間にとって必要不可欠なものであることを明確に語っている証であると言えるのではないでしょうか。

◆**作品にその人の哲学や生きた証が見えるから感動する**

　確かに創造行為というのは時間がかかります。すぐに答えを見いだすことができません。作品が完成に至る過程にはさまざまな試行錯誤があります。それは単にデッサン力，構成力，素材の選択などといった技術や方法だけでなく，表現においてもです。

　対象が人間であるのならば，内面を深く掘り下げ，微細な変化をいかに説得力をもって表現していくかに苦労します。また，それが色彩であるのならば，塗料や光を科学的に分析し，それを自然や人間の内面と融合させ，より確かな色彩を作るために思い悩みます。

　かように1つの作品を完成させるには多くの心身のエネルギーが費やされます。だからこそ芸術家は1つの作品が完成することに対して，とてつもない達成感を得るのです。それは単に作品が完成に至ったという表面的なことではなく，膨大な時間を費やし，人間や自然，そして生きることや自分とはいったい何であるのかといった自問自答によって得られた哲学，もしくは教訓や知恵を見いだすに至ったからなのではないでしょうか。それは言うまでもなく自分自身の人生の歴史であり，生きた証なのです。いわば，生命そのものの結晶だといっても過言ではありません。

　芸術作品を見て人は感動を受けます。それは芸術家の高度な技量に対するものもあるでしょうが，そこに芸術家の哲学や生きた証，そして生命そのものを見るからなのでしょう。それが自分の哲学や価値観と合致した場

美術

合はもちろん，そうでなくても，そこに精神や魂のほとばしりを感じるからこそ，自分自身の内面が何らかの刺激を受け，しかる後に内面からあふれ出る深い感動へとつながっていくのです。

　視点を現代社会に移すと，発展の裏側で失ってきたものは多いと思います。美術における創造行為と対比することで，それがよくわかります。電子機器による即答は確かに便利ですが，その過程には自分というものが入る余地がありません。

　たとえ試行錯誤があったとしても，結果だけをひたすら追求する無機質的なものによってほとんどが占められています。そこには哲学，生命といったものが入る余地はあまりなく，結果の追求に終始しています。現代社会が無機質的な唯物主義にひた走るのは，当然な帰結であると言わざるをえません。

◆**創造行為だからこそわかる哲学や生命**

　哲学，生命といった目には見えないものは，わかるためには時間がかかるものです。それらがもつ奥深く，重厚で，繊細で，崇高なるものは，電子機器では答えの出しようがありません。だからこそ現代社会はその世界とは対極の方向に走るしかないのかもしれません。

　しかし我々は人間であることをやめることはできません。哲学や生命の大切さを思考する能力は人間にしか備わっておらず，また人間を人間たらしめる最も大切なものであると考えます。それらのものは人間にとって必要不可欠なものとして受け止めるべきでしょう。

　我々を取り巻く森羅万象の中で，そうした感慨を最も身近に感じさせてくれるものの1つが，創造行為にはかなり含まれているように思われます。美術というものの本質の1つは，きっとそこにあるに違いありません。

◆**美しさとは，表面のみならず内面までもが整っていること**

　美術とは文字どおり美しさを見いだし，それを表現する術です。それでは美しさとはいったい何なのでしょうか。これはきわめて哲学的な命題で

す。確かに美しさには各自の尺度があります。したがって「これが美しさである」といった絶対的な言い方はできません。となれば，美しさとは何であるのか，それを考えることがその本質を深めることになるはずです。

「美しい」と似た言葉に「綺麗」という表現があります。日常生活において綺麗というのは何気なく言ってしまいますが，美しいというのはなかなか出てこない表現です。

例えば人を見て「綺麗な人」と言うことはしばしばありますが，「美しい人」とはめったに言いません。思うに，綺麗とは表面上整った状態のものを示すのに対して，美しいとはその内面までもが整っており，そこから妙なる輝きと芳香を発している，密度の高い状態を示していると考えます。

だれでも表面を認識することはできますが，内面を認識することはむずかしいものです。美しさと綺麗さの違いを理解し，同時によほどの洞察力，感受性，知識が備わっていてこそ，それがほんとうに美しいか否かということがわかるのでしょう。

しかし，そこまでの状況はなかなか備わっているものではありません。だからこそ人は，無意識のうちに「美しい」という言葉は易々と口にできないと判断し，「綺麗」と「美しい」という言葉を選んで使い分けているのかもしれません。

◆**美しさを見いだすためには洞察力，感受性，知識が必要**

内面を見いだすには，表面の一目瞭然な外界から内面へと，境の壁を通り抜ける必要があります。そのためには，洞察力，感受性，知識が備わっていないとむずかしいかもしれません。知識は時間をかければなんとかなるものですが，洞察力と感受性はいかにしたら獲得できるのでしょうか。

それには人間関係を中心とした経験が何より必要になってくると考えます。喜怒哀楽を伴う多くの経験はその人の内面を深くし，洞察力と感受性を豊かなものにしてくれます。こうした視点は「自他の関係によるキャリアの構築」を培うためにはおおいに必要なことだと思います。

美術

しかし，それだけでは物足りないかもしれません。たとえ自他の関係によって多くの経験をしても，その段階だけでは単に場数を踏んだだけのものになってしまいます。そこに自分自身の考え方や哲学を加味してこそ，経験はより深まっていくことになるのではないでしょうか（ただし，深まりすぎると独善的になってしまう恐れがありますが）。

　つまり，それは自分自身を見つめるということです。美しさを見いだすためには，自他の関係から作られるキャリアを，自分自身を見つめたことによって得られた哲学，もしくは教訓や知恵という濾紙を通過した，人生の精髄とでも言うべきものをもつことが必要になってくるはずです。

◆美術を学ぶことは創造行為を通して人間を学ぶこと

　美しさを見いだすにはたいへんな困難が伴います。決して短時間でできるものではなく，長時間を要します。これらのことは，先述した創造行為における意義や本質と同様な内容をもつものです。

　結局，創造行為というものは美しさの追求そのものであると言えるのかもしれません。美しさという言葉は，一見して表面の鮮やかさを意味するように理解されがちですが，そんな単純なものではありません。それは物事の内奥に密かにある本質の輝きであると考えます。

　したがって美術は，本質の輝きを見いだし，自分なりの描写，造形，構成，色彩などによる創造行為であると言えるでしょう。このように考えると，美術は画用紙に絵を描く，粘土をひねるといった行為を通して，物事の内奥を深く見つめることを学ぶ人間学であると言えるのかもしれません。

　昨今の世相を考えてみると，ますます美術という教科の必要性を強く感じます。現代社会に欠落しつつあるものが，美術という教科の本質には脈々と流れているといっても過言ではありません。数百年の時の経過にもぶれることなく，その本質をもち続けることができたということは，美術が人間にとって必要なことであり，大切なことであるということを物語る，なによりの表れと受け止めることができます。

2　カリキュラムの構築にあたって

POINT❶　自分を見つめさせる

◆必要不可欠な視点「自分を見つめる」

　教材は，何らかの形で「自分を見つめる」ことを含んだ内容にすることが必要です。

　確かに，自分というものをいっさい取り除いた状態で制作を行うやり方も時として必要です。自分自身というフィルターを通さずに対象を見つめると，対象がもつ純粋な存在そのものが表現されることがあります。

　このやり方は，頭の中ではある程度理解できるのですが，一方では，そんなことが中学生にできるのだろうかと思います。自分をまったくかかわらせずに対象を見つめるのは，かなり高い精神的な状況があって成立すると考えます。つまり，それは一種の悟りや枯淡の境地といった精神的な状態に通じるものなのかもしれません。

　もし中学生にそうした視点で取り組ませたら，戸惑うか，無機質的で味気のない表現になってしまうのではないかと想像します。中学生が制作に取り組むときには，自分を見つめることが大切ですし，逆に取り組みやすい方法なのかもしれません。

　美術の本質でも述べたように，美しさ，つまり物事の良き本質を見ることができる手段，また訓練として自分を見つめることが大切であると考えます。どんな分野であれ自分というものがまったく関与していないかかわりが成り立つものでしょうか。答えは否でしょう。常に自分自身の考え方や思いを尺度として推し量り，その良し悪しや賛否を決定しているのです。

　もしその人が知的で，常識があり，ある程度以上の人格が備わっていれば，自分自身を知るほどにその尺度は精密さを増し，正しい判断が成され

美術

る状態になると考えます。もっと言うと,自分自身をいかに明確な客体として成り立たせることができるか否かということです。

なにも森羅万象の本質を見いだす哲学の視点をもてということではありません。対象の表面だけを機械的に描写した無機質な作品ではなく,対象を深く表現するための必要不可欠な視点であるということなのです。

◆**明確なテーマを設定して独創的な視点をもちやすくする**

「自分を見つめる」もう1つの意味として,独創的な視点をもつことがかかわってきます。美術は独創性が重んじられます。昨今の中学生の作品は,代わり映えのしないものが目につきます。横並びが好きなのか,あるいは落ち着くのか,そうしたものを好む国民性なのかは知りませんが。美術に限らず,さまざまな分野で独創性の大切さは考えるべきでしょう。

独創性は文字どおり,自分の考え方によって独自の世界を創造するための資質で,自分というものがかかわらないと始まりません。美術で,「自分を見つめる」視点をもつ教材を第1に考えるのは必然的なことです。

そうした視点を教材に取り入れることは,それほどむずかしいことではありません。自分の見方,考え方を引き出しやすくするために,明確なテーマを設定することが効果的だと考えます。テーマが自由というのは一見やりやすいようですが,意外と表現しにくいものです。あまりにも範囲が広すぎるために,表現のポイントを絞ることがむずかしくなります。

明確なテーマは表現のポイントを絞りやすくしてくれます。そして,そこに自分自身の視点や考え方を出しやすいテーマを設定します。まず思いつくのが,喜怒哀楽をテーマの中に入れることです。

例えば,次のような教材が考えられます。「腹立たしいと思ったことを手でポーズをとり塑像にする」「表情のある自画像を描く」「15年間の絵巻物～いままでの自分とこれからの自分～」「タイムカプセル～未来の自分に呼びかける～」「お世話になった人に贈るメダルを作ろう」「あなたはどんな色彩の未来にいるか」「歩んできた道を表現した靴の塑像作り」など。

POINT❷ 創造力を育成する

◆無から有を生み出すすごさと面白さが創造だ

　子どもたちは具象表現を好みます。図版の中から好きな作品を選ばせると，スーパーリアリズム作品を選ぶ傾向があり，抽象表現の作品にはほとんど興味を示しません。そこには人間の根本的な願望と美術表現の根本的な要素があると考えます。

　例えば何も描かれていない画用紙は平面だけの二次元の世界です。そこに色彩，遠近法，質感などの技術を駆使して何らかのモチーフを描くと，立体的な三次元の世界を創造することができます。これは絵画技術によって成された一種のトリックなのですが，人はそこに無から有を生み出したすごさとトリックの面白さを感じるようです。

　つまり，そこには創造することの根本的な醍醐味があるのです。あたかも造物主のごとき業を自分もしたいというあこがれと願望が無意識のうちにあるのかもしれません。それがスーパーリアリズムのような現物と見紛うほどの精密さで表現されたものほど，創造による喜びは強まります。

　中学生がいきなりスーパーリアリズムを描くことはできませんが，簡単なモチーフをできるかぎり精密にデッサンさせることで，三次元の創造行為をある程度は実感できるのではないでしょうか。あるいは，身近な人や好きなタレントの写真から輪郭だけをトレースし，後はデッサンで明暗や立体表現を行い，できるだけ写真に近づける細密描写も考えられます。

　立体表現でも同じことが言えるでしょう。運動靴，文具，野菜，果物などを細密に立体表現することによって，平面と同様な創造の喜びが得られるはずです。そうした創造行為，もしくはモチーフの再現行為の体験は，美術に取り組むうえでの原体験的なものとして取り入れるべき，大切なことなのではないかと考えます。

　もちろんデッサンは美術全般において最も基礎となる，大切な学習です。

ただし，単に描かせるだけではなく，白紙の画用紙に三次元の世界を創り出していくことで，無から有を生み出す創造行為の根本的な醍醐味と面白さを感じ取り，意識させることも必要ではないでしょうか。

発達の過渡期にあり，何かを成し遂げたいと願う中学生にとって，無から有を生み出す創造の原体験は刺激のあるものとして受け止められるはずです。デッサン以外の表現を行うときにも，創造の原体験をしているか否かで表現の思い入れや密度の濃さは違ってくるはずです。デッサンなどによる創造行為（再現行為）は表現の基礎訓練であるだけでなく，創造の面白さや喜びの原体験であるというとらえ方もするべきだと考えます。

POINT❸　自他の関係を構築させる

◆自分の周囲の人間関係を生きた教材にする

先述したように，美しさを見いだすために必要な要素として，人間関係から培われる洞察力や感受性が必要です。これは多様な価値観を知るといってもいいかもしれません。このことは美術だけに言えることではなく，すべての分野の根本に，人間関係は必要になってきます。

その中でもとくに芸術，美術の世界は人間の心や精神などの内面のはたらきかけで行われる行為のため，それが関係してくる度合いは最も大きいでしょう。考えてみれば，普段の生活におけるさまざまな人間関係がすでに生きた美術教材であるのかもしれません。ともあれ美術教材としての視点でその点を考えてみましょう。

要するに，表現対象を周囲にいる人々にすればいいのです。例えば，色彩構成であれば，友達の人柄を色彩構成によって表現する，クロッキー（粘土によるものもいいでしょう）のモデルを友達にして相互に表現し合う，絵手紙を両親，友達，先生にあてて制作し，それを実際に郵送する，レリーフによるメダルをお世話になった人に贈るなど，自分の周囲にいる人々を教材の対象にして取り入れると，実に多種多様なものとなります。

◆**仲間の作品を鑑賞して関係を深め，審美眼を育てる**

　学習指導要領で重要視されている鑑賞も，同様な取り組み方ができます。鑑賞する対象は，なにも歴史に残る古今東西の偉大な作品とは限りません。生徒作品も鑑賞の対象としては十分な価値や意味をもっています。

　自分の作品も含めた仲間の作品の相互鑑賞という形態は，生徒たちにとって，かなり心に感じるものがあるようです。生徒たちは仲間がどんな作品を制作したのかに関心をもっています。歴史上の偉大な作品と自分の作品を比較した場合，差がありすぎますが，仲間の作品と比較した場合，自分の作品に足りないものや学ぶべきことがわかりやすくなります。

　そしてなによりも，仲間がどのように考え，感じ，表現したのかを知ることは，人間関係を深めていくことにつながります。まさにこれは自他の関係の構築にほかならないと言えます。

　こうした形態で鑑賞学習プリントを記入させると，多くの生徒が次のようなことを言っています。
「友達がそんなことを考えているのを知ってびっくりした」
「友達の心の深さがわかった」
「いままで知らなかった一面を見ることができて良かった」
など。鑑賞学習が本来めざしている審美眼の育成は言うまでもないことですが，本論における美しさを見いだすための要素，自他の関係の構築によって洞察力，感受性などを十分に引き出すことができると考えます。

　また，共同制作をするのもいいかもしれません。制作時には必ず他者とのかかわりが生まれ，人間関係が構築されます。制作と並行して学ぶべきこと，考えるべきことが得られます。巨大な作品作りで各自がパーツを受け持ち，協力して取り組むだけでも大きな学習効果は得られるのですが，そこに明確なテーマを掲げて取り組めば，その意味合いはさらに深まっていきます。各自が意見を出し合い，思い入れを注ぎながら制作を行うことになり，もはやそれは作品制作を通しての総合的な学習になっていきます。

美術

3 実践例

1. 自分をより深く見つめるためのテーマの設定

◆過去から現在の自分——「15年間の絵巻物づくり」

　卒業を間際にひかえた中学3年生の卒業制作です。単にいままでの15年間の人生の記録的な意味だけではありません。いままでの人生を振り返り，自分の歩みはどうであったのかを，達成したことや反省すべきことを検証しつつ行う制作です。高校という新しい世界に旅立つにあたって，その検証を踏まえてどう歩むのかを考える契機とすることが根底にあります。

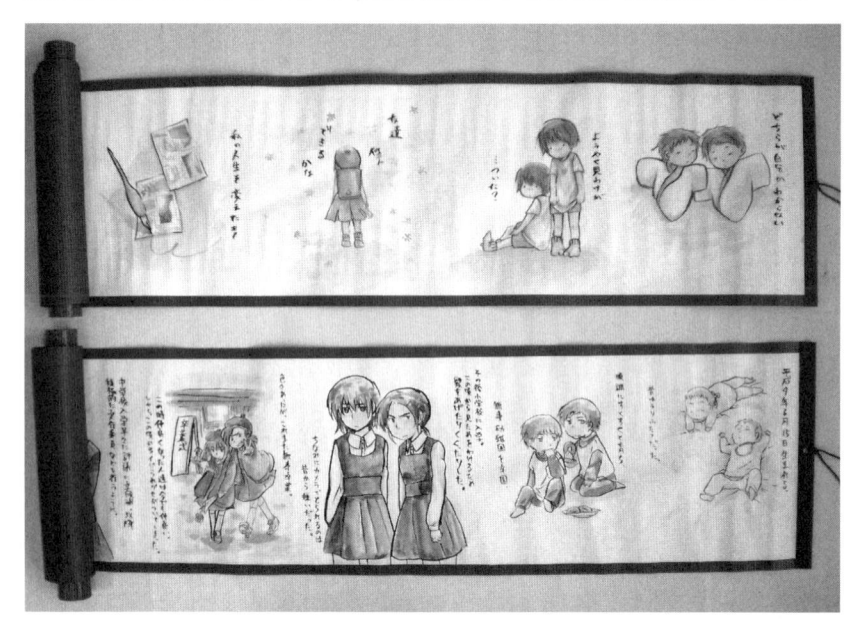

◆現在の自分——「表情のある自画像」

　授業で取り組む自画像の作品は，なぜ無表情なものばかりなのでしょうか。確かに無表情も表情の1つでしょう。例えば，レンブラントが晩年に

描いた自画像は無表情です。ただしそれは枯淡の境地を表すものであり，無表情であるからこそ無限の人生の深みをたたえた輝きを発しているものなのです。

　中学生にそうしたものを要求するのは無理です。つまり，中学生が描く無表情の自画像の大部分は，単に自分の顔の表面を写し取っただけのものと言えるのかもしれません。せっかく自分を見つめるための最も身近なものであり，自分を見つめることそのものである学習教材なのに，単なる写生のモチーフの1つにしてしまっては，もったいないかぎりです。

　そこでテーマをひとひねりして，「表情のある自画像」にしてみてはどうでしょうか。その表情も，いまの自分の心境を最も表すものにするのです。例えば笑っている顔，怒っている顔，悩んでいる顔，それらは単に表情がある顔を示しているだけでなく，自分自身の内面そのものです。言うなれば，美術教材を使った自己認識の学習ということができます。

　そこからさらに，もうひとひねりしたら，次のようなことも考えられます。鏡に映った表情のある自分自身を，鏡ごと描くのです。鏡という自分

自身を映す媒体を描くことによって，自分自身をより客観的に見つめることができると考えます。つまり，自分自身をより客体化することによって自己認識を強めていくということです。

◆**現在から未来の自分──「タイムカプセル作り」「色彩構成～将来の自分はこんな色の世界にいる～」**

「タイムカプセル作り」では，未来を感じさせる形状のタイムカプセルのデザインと，立体造形に取り組みました。その中に未来の自分に送る手紙を閉じ込め，現在の自分を考えつつ，未来の自分の姿に希望を込めた思いを巡らせます。

また「色彩構成」では，単に着色し，構成させるだけではなく，自分の未来の願いを考えさせながら取り組ませます。未来をテーマにした場合，そこに自分自身が表現されないと，単なる空想だけの突拍子もない表現になってしまうことが多いのですが，そこに自分自身をテーマとして置いた途端，意外にも真剣に自分の未来を考えだすものです。

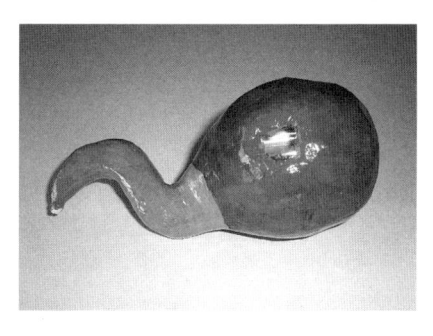

しかも，現在を踏まえたうえで未来を考えさせると，真剣さはさらに増します。未来を考えることは現在を根本として考えることであり，現在を念頭に置くことは，地に足のついた未来を考えることになるのです。現在と未来を行き来する経過において，自分自身を見つめることになります。

2．共同制作～マザー・テレサの愛を知ろう～

この教材で学んでもらいたい学習目標は3つあります。

---

① 美術作品としての制作の面白さを感じる。

② 共同制作の面白さと自他の関係の構築。
③ マザー・テレサの人生や業績，そして愛を知る。

　マザー・テレサの顔を81分割し，それらを人数で割って，1人あたり数箇所受け持ち，巨大な作品（325cm×230cm）に仕上げます。単に着色で描くというありきたりな方法ではなく，この学習の中心であるマザー・テレサの人類愛を学ぶために，次のような取り組みを行いました。
　B4サイズの用紙に，身の周りの人，歴史上の人物，政治家，タレントなどの古今東西の人々の顔を36人分はり付けたものを各自で作成します（下図参照）。マザー・テレサの顔を分割したものの担当個所の図柄の形や明暗に合うように，各自が作成した用紙を切り取り，所定の箇所にはり付けていきます。

| 顔を集めた材料 | 所定の大きさに切る | 所定の箇所にはる |

　出来上がった81枚のパーツを大きな台紙の上にはり付け，巨大なマザー・テレサの顔を浮かび上がらせます。遠くからだと明暗だけによる壁画に見えますが，画面に近づくにつれて各自が作成した用紙，はり付けられたさまざまな人の無数の顔が見えてきます。いわば古今東西の人の顔を寄せ集めてマザー・テレサの顔を浮かび上がらせたコラージュなのです。
　今回のテーマは「マザー・テレサの人類愛を知ろう」です。つまり，古

今東西の無数の人は人類そのものであり，マザー・テレサが無数の人を分け隔てなく受け入れた人類愛を意味したものです。

　学習目標①は，普段の美術の授業ではやりにくい巨大な壁画というダイナミックな取組みのため，興味深く生き生きと制作されました。大きなスケールの作品を作ることの面白さと共に，その作品自体が生徒たちを包み込み，その世界に引きずり込みます。それによってもたらされた作品との一体感を，いままでにない感覚として味わうことができるのです。

　学習目標②は，作品をみんなで完成させる作業での統一目標と，マザー・テレサの愛を知るという各自の内面の統一目標が十分に浸透していたため，楽しくかつ真剣な眼差しで取り組むことができました。

　学習目標③は，作業終了後に事後学習として書いてもらったレポートに，マザー・テレサの生き方，愛のあり様について学ぶことがあったと多くの者が書いていました。

　単に共同制作としての巨大壁画でも，作業面における面白さはある程度得ることができるでしょうし，自他の人間関係の構築もできるでしょう。しかしそこに各自の内面に浸透するような，統一したテーマを根底に流すことで，他の2つの目標がさらに深まりをもつと考えます。

　マザー・テレサの人生，要するにキャリアはもちろんのこと，この制作の過程において自分の愛に対する考え方などを自己認識していったことは，各自の内面に新たなキャリアが蓄積されたはずです。

7▸▸▸保健体育

生涯にわたり健康な生活を送る姿勢を身につけさせる

1 教科としての保健体育を学習させる意義

◆生涯にわたり，健康な生活を送る姿勢を身につけさせる

　現代の子どもたちの多くは，自由時間（余暇）を野外で遊ぶことは少なく，室内でゲームをして遊ぶことが多くなっています。思春期という体も心も子どもから大人へと大きく変容する大切な時期に，体を使わず，家にこもってゲームばかりという生活はすすめられるものではありません。

　子どもたちは，本来，異年齢者とのかかわりや遊びを介して社会の仕組みを体得していくものです。しかし，現在の子どもたちの多くは，遊びを通して試行錯誤を繰り返したり，さまざまな工夫を凝らすことや自ら新しいものを創造する機会もないまま大人になっています。これでは体力もなく心も貧しいまま中身の薄い大人になってしまうのではと危惧されます。

　人間の日常生活は，体を動かすことが基盤です。行動することによって成り立っているといえるのです。古来から人間は，食料を獲得するために，狩りや農耕に従事してきました。危険から身を守るために相手から逃げたり，攻撃したりという行動も必要でした。生命維持のために必要な行動は，

ほかの動物とも共通した，最も基本的な運動です。行動することは，自分の生命を守るために必要不可欠な自然な形で行う運動であるといえます。

　一方，人間は，生命維持のための行動に加えて，遊ぶことや働くこと，運動するなどのいろいろな身体運動を通して，社会の一員として必要な知識や意欲，感性などを高めてきました。人間は体を動かすことによって，単に生活するだけでなく，より生活を豊かにするために付加価値を生み出し，よりよい生き方に必要なさまざまなものをつくりあげてきたのです。

　現代に生きる私たちは，便利で快適な暮らしを続けるなかで，知らないうちに運動不足になっています。今後も生活がよりいっそう便利になることなどから，体を動かす機会が減少することが予想されます。生活様式の機械化に伴う運動不足の解消や，ストレスを発散させたり，健康で充実した生活を送るために運動することは欠かせないものになっています。

　こうした現状を踏まえて，教科としての保健体育を学習させる意義として第一に考えられるのは，「生涯にわたり心身ともに健康な生活を送る」という姿勢を身につけさせることではないかと考えます。

　スポーツは，体を動かすという人の本能的な欲求にこたえることや，汗をかくことによって得られる爽快感や達成感，仲間同士で協力し合って目的を果たすといった精神的な満足感や喜びを充足させてくれるものです。

　また，保健分野で学習する内容の体力の向上や精神的なストレスの発散，生活習慣病の予防など運動と並行して実践することで，心身の両面にわたる健康の保持増進に役立つものです。それゆえ，人々が生涯にわたってスポーツに親しむことは，個々の心身の健全な発達を促し，明るく豊かな社会をつくることなど，大きな意義があると考えます。

◆運動の楽しさや，できるようになる喜びを味わわせる

　現代人が運動不足に陥っているのは，社会の変容によるものだけではなく，学校教育の中で体を動かすことの楽しさや，工夫して運動に取り組む機会を十分に与えられていないことも要因の1つではないでしょうか。

授業時間が削減されてきたなか，従来の保健体育の授業では，知識や技能を教師から子どもたちへ一方的に伝えていく方法が主流であり，画一的な運動技能の伝達中心の授業になってしまっているのも事実です。

　運動することの楽しさや，「できない」ことが「できる」ようになる喜びを，子どもたちにもっと味わわせることが，子どもたちのキャリアになり，将来につながると考えます。これが保健体育を学習させる2つめの意義といえます。

◆互いに協力して高め合うことが，よりよい生き方につながる

　保健体育を学習させる意義の3つめとしては，生徒が学校という集団の中で，自他とのかかわりを通してさまざまなことを学び，互いに協力して高め合っていこうと主体的に取り組むことが大切であり，これこそがよりよい生き方につながることと考えます。

　生徒たちがすすんで主体的な取組みをするには，運動することを楽しむという姿勢を養う必要があります。保健体育の授業では，画一的な運動技能を生徒へ伝達することが中心になり，運動の目的や効果にあまり注目せず授業を進めていました。また，生徒が互いにアドバイスしたり，意見交換して授業を進めるなどの主体的な取組みが少なかったように思います。

◆運動や心身の機能に関する知識を高める

　生徒たちが「運動することを楽しむ」という姿勢をもつことで，自ら自分の動きを分析し，課題を見つけ，練習方法を工夫し，それを修正するという一連の流れが生まれます。そのためには，運動に対する知識や保健分野で学習する心身の機能に関する知識も必要になってきます。1つの学びが次へ次へと波及していくわけです。学びが増えると「できなかった」ことが「できる」ようになります。そうなれば次の段階へ進もうとする意欲がわき，その意欲が運動するさらなる楽しさや喜びになっていくのです。このような姿勢を身につけさせることが，保健体育を学習する意義の1つでもあり，よりよい生き方につながるのではないでしょうか。

◆「運動する楽しさ」を得させるための小・中・高の連携

　中学校入学時点で生徒たちは，運動に対する好き嫌いができつつあります。幼いころは，体を動かすことは心地よいものと感じていたはずなのですが，いつのころからか苦手と感じてしまう子どもが増えてきているのです。これは成長過程のなかで，他者との比較により「できる」「できない」という概念が芽生え，得手・不得手という感情が生まれるからではないのでしょうか。ほんとうの意味で体を動かすことが嫌いになったわけではなく，他者との比較から人前で自分の動きを見せたくないというのがほんとうのところではないかと思います。

　それらに対する心のケアをしつつ，運動することの楽しさや喜びを味わわせることが大切です。そこで，小学校段階で，より運動を楽しむことに重点を置いた指導を行い，そのうえで，体の使い方や各種の運動の基本動作が正確にできる力を身につけることが重要だと考えます。

　平成20年1月の中央教育審議会の答申において，改善の基本方針の中で，小学校，中学校および高等学校を通じて，「体育科，保健体育科については，その課題を踏まえ，生涯にわたって健康を保持増進し，豊かなスポーツライフを実現することを重視し改善を図る。その際，心と体をより一体としてとらえ，健全な成長を促すことが重要であることから，引き続き保健と体育を関連させて指導することとする。また学習したことを実生活，実社会において生かすことを重視し，学校段階の接続および発達の段階に応じて指導内容を整理し，明確に示すことで体系化を図る」としています。

　答申の内容を踏まえても，小中高の連携の重要視は歓迎されるところであり，これからの保健体育学習において必要不可欠になると思われます。

　中学校において，保健体育を学習させる意義は，子どもたちが主体的に楽しんで保健体育に取り組み，運動することがよりよい生き方につながっていると実感させることであり，これが，「生涯にわたり心身ともに健康な生活を送る」という姿勢を身につけさせることにつながるのです。

2 カリキュラムの構築にあたって

POINT❶　だれでも楽しめるカリキュラムの構築

　中学校での保健体育の授業時間数は，第１学年から第３学年まで通してどの学年も年間90時間（新学習指導要領では105時間）と定められています。この90時間の中で楽しめる授業を工夫しなければなりません。

　第１学年については，「A 体つくり運動」,「B 器械運動」,「C 陸上競技」,「D 水泳」,「E 球技」「F 武道」or「G ダンス」,「H 体育に関する知識」の７領域と保健分野を学習させなければなりません（以下AからHの領域をアルファベットのみに省略します）。

　第２・３学年についてはAおよびHについてはすべて，BからDまでについてはこれらのうちから１または２を，EからGまでについてはこれらのうちから２を選択したものと保健分野を学習しなければなりません。第１学年を例にとって単純に時間数を領域数で割ってみると約11時間ということになります。この時間数で生徒に保健体育を学習させ，楽しいと感じさせなければならないのです。

◆系統的で段階的なカリキュラムの構築

　さて，ここで考える楽しい授業とはどのような授業のことをいうのでしょうか。端的にいえば，生徒一人一人が目的をもって授業に参加し，個々の課題解決に向かって主体的に活動していき，友達と協力しながら課題解決を図り，学んだことがよりよい生き方につながるものでなくてはなりません。

　単なるその場限りの楽しさや喜びを求めるのではなく，生涯にわたって継続する楽しさや喜びを身につけなくてはならないのです。そのためには，年齢とともに，「系統的で段階的なカリキュラム」を構築していく必要が

あります。そのためには，学年が進んだときに同じ学習内容を繰り返すのではなく，学年が進むにつれて学習内容も高度なものになっていく必要があります。

　それには，各学年での到達目標を明確にし，段階的なものにすることが大切です。これは，小・中・高の校種の中でもいえることです。生徒たちにとっても，学年が進むにつれて新しい内容を学習できることは喜ばしいことではないでしょうか。

　しかし，ただ楽しいだけでは大きな喜びにつながりません。うまくできないことを自らが工夫して克服することができれば，それは必ず大きな喜びにつながるはずです。それが自信になり，より大きな意欲にもつながることになるでしょう。そういった学習をすべての生徒たちに経験させることが，それ以後の生徒自身の生涯において，よりよい生き方につながる最善の方法ではないでしょうか。

POINT❷　運動に対する知識，意欲，技能の習得への働きかけ

　何の目的で運動をしているのか，その効果はどういったものなのか，理論に裏づけされた指導が重要です。

　現行の学習指導要領では，体育に関する知識の中で学習している内容ですが，ややもするとこの知識の部分については1時間の授業の中では，軽く扱っていることが多いのではないでしょうか。

　十分な説明をすることなく練習方法だけを説明し，実際に練習に入らせる……毎日繰り返される授業では，よくあることですが，何のためにこの練習をするのか，この練習をすればどう動きが変わるのか，生徒がそのことを理解していれば，単調な動きの繰り返しの練習や，強い運動負荷をかける練習のときでもがんばってやり切れる要因の1つになるのではないかと考えます。

　各種の運動に対して，基礎的な知識がなければ，意欲づけや技能の習得

はよりむずかしいものになることは明白です。

　運動する際には，まず意欲がなければなりません。意欲を持続させるためには，技能の習得が不可欠です。技能の習得には，その運動に対する知識が必要になってきます。もちろん，知識の中には，練習方法の工夫や考える力も必要です。

　この運動に対する知識，意欲，技能の習得を繰り返し働きかけることが大切で，この三者の循環こそが「運動することを楽しむ」ことにつながり，「生涯にわたり心身ともに健康な生活を送る」という姿勢を身につけるための原点ではないかと考えます。

◆**各運動種目の特性を生かした授業づくりを**

　各種の運動やスポーツには特性があります。その特性があるからこそ各運動やスポーツ特有の技術や戦術が生き，それを楽しむことができるのです。つまり，各運動やスポーツの特徴を十分に理解したうえで体験するのとそうでないのとでは，大きな差が生まれてきます。

　例えば，野球とソフトボールはよく似たスポーツですが，その特性となると違った部分が出てくるのです。

　もともとソフトボールは野球を室内で行えるようにと始められました。それゆえ，野球と比べて狭い場所で行えるような工夫がされています。ボールとバットは飛距離が出ないように，ボールは柔らかく大きいものに，バットは短く細いものになっています。塁間も当然近くなっています。ピッチャーは下手投げに限定されています。野球場の約3分の2の広さで行うことで，短い時間でプレイでき，ゲームで見られるスピードとテクニック，コンビネーション・プレイや1点を争う面白さがソフトボールの醍醐味になっています。

　簡単に言えば，ソフトボールは競技する場所が狭く，ボールが飛ばないように道具が工夫されているので，野球と比較して打撃ではヒットが出にくく，守備ではちょっとしたミスが得点につながるということです。学校

保健体育

体育で行われているソフトボールは、外野の守備位置をフリーで行うことがほとんどですが、それはソフトボールの特性からいうとあまりすすめられることではないということです。

　授業では、さまざまな環境や施設、道具などの条件から、各種の運動の特性を十分に生かしきれないものになることが多いように思いますが、各運動種目の特性を省いて、生涯にわたって健康を保持増進し、豊かなスポーツライフを実現することはむずかしいことではないでしょうか。現在ある状況を改善し、各運動種目の特性を生かした授業づくりを模索していくことが大切であると考えます。

POINT❸　「できない」ことが「できる」ようになる授業の工夫

　保健体育の授業の中で生徒たちがいちばん喜びを感じるときは、いままで「できない」ことが「できる」ようになることです。教師は、そういった生徒たちが喜ぶ場面づくりを、さまざまな工夫を施して行っていかなければなりません。

　いまから取り組む運動の目的や課題を明確にし、取り組む内容を理解させることが大切です。

◆視聴覚機器を使って運動技能の習得を

　その1つの手立てとして、運動技能の習得について、視聴覚機器を使うことが有効であると考えます。

　授業の中で、ビデオカメラを使い生徒に自分の動きを記録させ、実際に自分の動きを見させることで自己分析を行わせます。それから、自己の課題を明確にさせ、練習と記録や自己分析を繰り返しながら練習方法を考え、工夫して課題解決や自己目標に到達させていきます。

　間違った体の動きを言葉で説明しても、理解することはなかなかむずかしい面がありますが、実際に自分の動きを映像を通して見ることで課題が明確になります。

この効果は非常に大きいものがあります。

効果の1つめは、意欲につながることです。この課題を直せばうまくできることがはっきりとすることです。

2つめは、課題に対する自分の練習方法の工夫、その成果がわかることです。課題克服のための練習場面を見ることで、その効果がその場で瞬時にわかることになり、正しい練習か否かがすぐに判断できます。時間をむだにせず、自信をもって取組みを行うことができるのです。

時間短縮で余った時間は、ほかの練習に使うことができます。決められた時間数の中での体育授業においては有効な手だてといえます。

◆ルールの弾力化を図る

次に、ルールの弾力化を図ることです。これはよく行われていることだと思います。

たしかに、正規のルールでスポーツを行うことは大切なことですが、練習段階の初期は、それにとらわれるよりも、動きをスムーズにマスターすることのほうを優先的に考えることが必要です。

これもさきに述べた、運動の特性にふれるための方法の1つと考えます。具体例でいうと、バスケットボールやハンドボールのシュート時のボール保持の歩数を増やすことや、バレーボールでゲーム時に動けない（動き方のわからない）生徒が多いときにコートを狭くするとか、逆にコート内の人数を増やしてゲームを行うなどです。

このように、ルールに弾力性をもたせて授業を行うことで、いままで「できなかった」ことが「できる」ことに変えることができるのです。基礎的な技能を確実に1つずつマスターすることは大切なことですが、限られた授業時間の中では、並行して全体の流れを経験しながら技能をマスターすることも大切なことではないでしょうか。

許された時間の中で最善の方法を模索し、実践することも、よりよい生き方につながることなのです。

POINT❹ 「教わる」から「学ぶ」へ

　保健体育の授業はさきにも述べたように，知識や技能を教師から生徒へ一方的に伝えていく方法が主流であり，生徒は与えられた課題を繰り返し練習し，「できる」「できない」によって評価されてきました。

　それが教科に対しての好き嫌いを招いているにもかかわらず，指導方法が変わらないなかでは，「生涯にわたり心身ともに健康な生活を送る」という姿勢を身につけることはむずかしいと考えます。授業は生徒が主役でなくてはなりません。生徒が主体的に活動することが重要なのです。

　保健体育の学習とは，運動能力の高い者が脚光を浴びると思いがちですが，そうではなく，一人一人がもっている能力とそれに応じた技能を自分で把握し，練習方法を工夫したり，理解を深めていく学習なのです。他人との比較でないことは言うまでもありません。

　新学習指導要領では，体育に関する知識のなかで，現行の学習指導要領にはとくに記載のなかった「心理的効果」や「適切な人間関係を築いたりするなどの社会性を高める効果が期待できる」などの文言が示され，心と体をより一体としてとらえることの重要性が明記されています。

　前述したように，運動に対する好き嫌いは他者との比較から人前で自分の動きを見せたくないという心理に対し，心のケアをしつつ，運動することの楽しさや喜びを味わわせることが大切であると考えます。

　そのために，人間として，精神的にもより成長させていくことが保健体育の大切な学習なのです。適切な人間関係を築くことで，他者を比較の対象として見るのではなく，一緒に課題解決をする存在として，協力しようとする姿勢を育てることは，生徒がより主体的な活動をするためには忘れてはならないことだと思います。そして，その主体的な活動こそが，「学ぶ」ということであり，「生涯にわたり心身ともに健康な生活を送る」という姿勢を身につけることにつながるのです。

3　実践例

1．ビデオカメラを使ったマット運動～主体的な活動を促す～

　近年，子どもたちが外に出て遊ぶ機会が少なくなり，体全体を使って遊ぶということが減少しています。それに伴って，体を動かすことの楽しさや爽快感を経験しないまま現在にいたる生徒も多いように思います。運動の経験不足から，倒れたときに身をかばう手が出ないなど，自分の身を守ることすらできない子どもは少なくないのです。

◆**自分の動きを見て課題を明確にし，目標達成に導く**

　器械運動は，「できる」「できない」が明確に結果となって現れます。それゆえに，好き・嫌いのはっきりした運動です。そのなかで，マット運動は，前転やバランスなどだれにでもできる技から，倒立前転やハンドスプリングなど高度な技まで，個人の能力に合わせて取り組めます。

　したがって，個人の能力に応じた課題を明確にさせ，克服させることが重要となります。また，自分の体を自分のイメージどおりに動かすことで，技の完成度が高まる運動です。

　生徒たちにとってマット運動という種目は，小学校での経験から比較的慣れ親しんでいるといえます。また，柔軟性を生かすという意味で，女子の特性を生かせるスポーツです。ただ小学校段階では，単に技が「できる」「できない」で終わってしまっているように思います。中学生になったいま，より美しく，より正確にできるために練習方法を工夫して行うことは，本来のマット運動の楽しさにふれるために重要なことだと考えます。

　初めに，いま自分ができる技の確認を行いました。この際，評価用紙を用いて一つ一つの技の完成度を確認していきました。中学1年生にとって，自分の動いている姿を言葉で説明しても，具体的に理解することはむずか

しいものです。そこで，ビデオカメラで撮影した自分の映像を見ることで容易に具体化できるというメリットをねらい，この授業を実践しました。

実際に生徒たちは，自分の映った映像を見て，頭の中で描いている自分の姿と実際の姿とのギャップに驚いていました。そこで，回転系や技巧系の技の中から，自己の能力に適した技を選択し，ビデオカメラに撮った自分の動きを見ることで，課題を明確にし，体の動かし方や，練習の工夫によって，目標達成に導く取組みを実践しました。

◆見ることで自己課題を明確化

次に，できるようになった技を組み合わせて連続技をつくっていきました。ただできる技を連続してやるだけでなく，前転系の技，後転系の技，バランス系の技を最低１つ入れて連続技を構成することとしました。単独技には，その難易度により得点に差がついており，できるだけ高得点の組み合わせを考えさせるように工夫しました。また，技の組み合わせの数は自由とし，多くの技を練習しようとする意欲づけとしました。

生徒は，最低でも３つの技をしなければならず，どの技にするかを考えながら練習をしていくのですが，単独技をきれいにすることはもちろん，技と技のつなぎをスムーズにすることにも工夫しており，ビデオ映像を見ながら練習を繰り返すことで課題克服を図っていました。

◆協力することで体育理論が高まる

連続技は，単独の技が正確にできることはもちろんですが，技と技のつなぎをいかにスムーズに行うかで完成度が変わってきます。これについても，自分の演技をビデオで見ることは大きな効果をもたらしました。本人はスムーズに演技を行っているつもりでも，ビデオで演技を見ると，案外動きがぎこちないことに気づくのです。この気づきは，よりスムーズな演技への意欲づけになり，より積極的な練習につながっていきました。

練習を繰り返すことが技の完成度を高めることは言うまでもないことです。この際，同じグループの友人も同じビデオを見るため，互いにアドバ

イスをし合うことで，自分の考えに自信をもったり，間違いを指摘されれば練習方法を修正したりすることが，課題解決に向けてよりよい結果へと方向づけていくのです。

　実際に，自分の目で見て動きを確認して課題点を明確にするのと，友人に言われて，「たぶんこうだろうな」と推測してあいまいなまま課題点を考えるのとでは，明らかに練習自体に差が現れます。つまり，ビデオを見ることで，自信をもって練習に取り組めるということです。

◆その都度，確認して修正でき，課題の上達が実感できる

　しかも，自分が練習している動きを毎回見るため，間違った動きをすればその都度確認でき，すぐに修正することができるメリットは大きいと考えます。その回数を重ねていけば徐々に課題を克服し，「できる」ようになるのです。何より，具体的に自分の目で自分の動きを確認できることが効率のよい練習方法なのです。

　また，実際に自分の演技を見ることの効果としては，課題がはっきりとわかるということもありますが，それ以上に，練習することで課題が「できる」ようになっている様子が確実に実感できるという効果が大きいのです。このことが意欲づけに大きく影響していきます。

　簡単に言えば，課題がわかることは解決方法の発見となり，それは確実な練習を繰り返すことで成果となり，成果は自信につながります。自信は，喜びであり，スポーツすることの楽しさにつながります。これらの経験は，自分の身に危険を生じたときにも回避する能力や，自分の体をいかに自分の意思どおりに動かすことができるかという点において，ほかのスポーツにかかわるときにも役立つことから，将来スポーツに親しみ，よりよい生活を送ることにつながるものだと考えます。

　このような能力は，本来，幼いころに戸外で遊びながら自然と身につけていくものですが，現在の社会においては，意識的に生活の中に取り入れていかないと身につけることはむずかしいものとなっています。だからこ

そ，この実践を通して身につけた能力は，「生涯にわたり心身ともに健康な生活を送る」姿勢を身につけるための土台づくりになるものと考えます。

2. 他者評価活動に重点を置いた柔道の授業

体育授業において，「個に応じた指導」を考えるにあたって1人の教師で40人の生徒を指導するには無理があります。本来，個に応じるためには1対1が原則であることは言うまでもないことです。

そのギャップを少しでも埋めるために，生徒同士がお互いの動きを見合うことで，動きながらでは本人にはわからない部分を客観的に分析させ，動いている本人に正確に伝え，課題を明確にすることをねらいとしました。伝えられた者は，課題解決する方法をいかに効果的に工夫するかが重要な学習となります。

◆他者評価のために，各技能のポイントを明確に伝える

柔道は礼儀作法や相手を尊重する態度，自分で自分を律する態度を身につける日本古来からの伝統的なスポーツであるとともに，全世界に認められたスポーツです。

特性としては，基本的な技を習得し，相手の動きや技に対応した攻防をすることに楽しさがあります。しかし，現在の日本において，生徒たちにとってかかわりの多いスポーツであるとは言えません。その理由として，「柔道は痛いから嫌だ」ということがまず第一にあげられます。

確かに柔道に痛みはつきものですが，身体の使い方によって痛みは軽減します。その体の使い方を学ぶことで自己の体を危険から守る能力を高めたり，理にかなった動きをすることで自分より大きい相手を投げたりすることができる楽しさを味わわせたいと考えます。

他者評価を用いた授業の効果として，柔道というなじみの少ないスポーツでは，技能面についての知識はほとんどもちあわせていないというのが現状です。そんな状況のなかで，他者評価を効果的に行うためには，各技

能のポイントを明確にして伝えることが絶対条件となります。どこを基準にして相手の動きを見るのかをはっきりとさせておかないと、ただ動きを見ているだけでは的確なアドバイスをすることができなくなるからです。

　ポイントを明確にしておくことで，生徒たちは確認する動きが明確になり，自分が見る動きの場面がはっきりすることで，自信をもってアドバイスすることができました。また，相手の動きを見て，その動きを自分の動きと比較することで，自分の課題も明確にすることができました。こういった活動を繰り返すことで，生徒の柔道に対する興味・関心が高まっていき，親しみのあるスポーツへと変化していき，授業回数が増えていくにしたがって生徒の活動がより積極的に変わっていきました。

◆**主体的な活動こそが，運動に親しむ習慣を生む**

　見る技能ポイントをしぼることで，自分の課題をはっきりさせ，一連の動きのなかでその部分だけを重点的に繰り返し練習させました。また課題を細分化し，比較的達成容易な課題を設定することで，少しの練習で達成できるようにしました。このことで短い練習でも達成感が得られ，次の課題達成への意欲につながりました。

　また，常に動きを見られ，アドバイスを受けることで，悪いくせがつく前に修正することが可能になりました。これは，教師1人が一斉授業で指導している場合には見落としやすい点ですが，生徒がお互いに評価し合うことで，ある程度効果的に解消できたように思います。

　このように，生徒が主体的に活動することが，将来にわたって運動に親しむ習慣を身につけ，よりよい生き方につながると考えます。生徒の主体的な学習活動が学びになり，その学びこそが「生涯にわたり心身ともに健康な生活を送る」という姿勢を身につけることになるのです。われわれは，その学びの支援をするようなスタンスを心がけていきたいものです。

8 ▸▸▸ 技術・家庭科

ものづくりで「生きる力」を

1 教科としての技術・家庭科を学習させる意義

◆生活を創っていく知恵が、いま必要とされている

　私たち人間は、技術を活用することで豊かなものを作り出し、健康で文化的に生きるために衣食住の営みを工夫し、環境を調節して便利な生活をするようになりました。現代の繁栄は、先人の遺産の積み重ねであり、人間のたゆまない努力や生産活動の成果でもあります。

　しかし、人間のこのような営みは、地球の貴重な資源を消費してきたことを忘れてはなりません。生活に必要なものを作り、不必要になると廃棄する、これらすべてに資源やエネルギーが必要で、地球環境に大きな影響を与えてきたのです。地球はいま、大量に排出される大気汚染ガスによる酸性雨や地球温暖化など、多くの環境問題をかかえて悲鳴をあげています。

　21世紀に生きる私たちにいま求められていることは、地球環境との共生を大切にした技術の活用や生活の営みです。そのためにも、循環をめざし、廃棄物を出さないものづくり、人と人、人と自然とが共生できる生活を創っていく知恵が一人一人に必要とされています。

◆**本教科は学んだことを生活の場で活かすことをめざしている**

　科学技術の進展により，社会や生活様式が大きく変化する今日ですが，人間の基本的な生活は変わりません。つまり，私たちには，くつろげる家庭での生活があり，毎日食事をし，衣服を身にまとい社会に出て，いろいろな生産活動にかかわります。わたしたちの生活をより豊かにするために工夫創造する技術が生活技術です。社会の変化に伴って，生活技術の内容は変化してきたかもしれませんが，人間が生きていくのに必要となる生活技術はなくなりませんし，その本質は変わりません。

　技術・家庭科は，ものづくりを通して，その大切な生活技術の基礎・基本を学び，家庭や社会を創造することに深くかかわる教科です。生徒が自立した生活を営めるようにするために，社会の変化に主体的に対応できる人間を育成し，自分なりの工夫を生かして生活を営むことや，学習した事柄を進んで生活の場で活用する能力や態度の育成をめざしています。

◆**本教科の役割は，よりよい社会を築いていく基礎を培うことである**

　「社会」と「学校」，「学校」における教科の「授業」，「授業」を通して子どもたちに培われる「資質や能力」，培われた「資質や能力」によって「社会の変化」に主体的に対応できる……という一連の結びつきを深める働きをしているのが，まさに本教科なのです。

　教育の大きな使命は，これからの社会を自立的によりよく生きるための基礎となる「生きる力」を育むことであり，どの教科もそれをめざして取り組んでいます。その中で，実践的・体験的な学習を通して「生きる力」に迫るのが本教科の特色であり，生徒たちに授業を通して与える印象も強くなります。

　「体を通して学んだことは一生忘れない」と言いますが，本教科の学びは，ものづくりという体験的な学習を通して体得できる確かな学びであり，今後の人間形成に大きな影響を与えるものと信じています。

　今回の学習指導要領の改訂では，技術分野と家庭分野をそれぞれ4つの

学習内容に整理，再編し，すべての生徒に履修させることになりました。ものづくりを支える能力などをいっそう高め，自己と家庭，家庭と社会のつながりを重視し，これからの生活を見通して，よりよい生活を送るための能力を確実に定着させることをめざします。

　よりよい社会を築いていくためには，まず自らが社会に積極的に参画していく必要があります。そのためにも社会の変化を正しく認識し，持続可能な社会の構築のために技術の果たす役割について，生徒たち一人一人が自信と自覚をもって，しっかりチェックしていかなければなりません。その基礎を培うのが本教科の役目でもあります。

◆**ものづくりで生きる力を育む大切な教科が本教科である**

　実際の学習指導にあたっては，実践的・体験的な学習活動が主となり，他の教科に比べて１つの学習題材にかける時間も長くなります。そこで事前に生徒の実態を「つかみ」，教科の特色を生かして工夫・創造しながら意欲的に「つくり」，実際に体験したことをこれからの生活によりよく「いかす」という流れを大切にしたいと考えています。

　また，毎日の授業場面や実際の生活において課題を発見し，解決していけることは，よりよい生き方につながります。学習題材の中に，自ら課題を見いだし，粘り強く取り組み，問題解決的な力を身につけられる題材を，より多く設定していくようにしたいと考えています。ものづくりをする楽しさや完成したときの喜び，他者とのかかわりから得られる貴重な学びは，生徒たちに充実感や成就感を与え，この積み重ねが自然と「生きる力」にもつながっていくのだと思います。

　本教科は，家庭や地域社会との連携を意識した取組みが展開しやすいのが強みです。学校における学びと家庭や社会における実践との結びつきを考慮した題材を組んでいくことによって，心豊かな人間性を育み，発達段階に即した社会性を獲得させ，他者とかかわる力などの育成を効果的に図ることができる教科だと確信しています。

2 カリキュラムの構築にあたって〈技術分野〉

　実際の日々の授業でとくに大切にしたい「Point」を以下の5つにまとめました。

POINT❶　ものづくりの喜びがわかる多くの体験を盛り込む

　最近の若者たちにとって，携帯電話やコンビニは生活するうえで欠かせない存在になっています。携帯電話を介して仲間と連絡を取り合い，必要な情報を容易に入手し，活用や操作も簡単に行えます。また，コンビニに行けば，自ら作らなくても食べ物や必要なものがいつでも簡単に手に入るようになっています。

　この便利さの中で，生活に必要となる生活技術（例えば，材料を実際に切ったり削ったりする技能や調理する能力等）が，以前に比べて劣っているように思われます。工具や道具を使ってものを作るという経験が不足し，ものを作ることに自信をなくしているのです。

　しかし，子どもたちから「ものを作りたい」という気持ちが消えているわけではないと思います。ものを作る行為は人間がもつ本能であり，だれもが純粋に希望する思いです。この思いは，いまの子どもたちにも必ず残っています。自分にしかできないものを追求し，世界に1つしかないものを作り出す喜びを，いかに味わわせるかが問題なのです。

　本教科では，ものづくりの喜びや楽しさ，ものづくりを通して得られる他者とのかかわりの大切さに気づくような体験を，できるだけ多く盛り込みたいと考えています。

POINT❷　技術の果たす役割を理解し，積極的に活用できるようにさせる

　人間の歴史は，技術を活用することで豊かな製品を作り出し，環境を調

節して便利な生活をするようになってきました。技術の発達が生活様式やさまざまな生活技術に変化をもたらしているのです。

その技術の果たしている役割を、まずしっかり認識させたいと思います。そのうえで、それらの技術を実際に活用したものづくり（製作・制作・育成等）を行い、生活技術の基礎・基本や技術の果たす役割を実体験を通してとらえ直します。そして、技術と社会・環境とのかかわりについて、大きな立場からの理解を深めていきます。

さらに、現代および将来において利用されるさまざまな技術を、自分なりの正しい判断基準のもとに適切に評価できる基礎を培い、技術を積極的に活用していく力を育成したいと考えています。

POINT❸ 自分の考えや行動を正しくコントロールできるようにさせる

ものづくりの過程や他者とのかかわりの中で、自分を振り返って客観的な評価をし、見通しをもって自分を正しくコントロールできることは、これからの生活を考えた場合、大切なことです。本教科では、ものづくりという長いスパンの中で、課題を解決していく学習が主となるため、とくに客観的な自己評価や自分を正しくコントロールする力が必要となります。

これらの活動を支えるために、「学習の記録を残す」という取組みを継続して行っています。ものづくりは、生徒が計画を立て実践します。毎時間、学習における自分の考えや行動を記録し、ものづくりの過程や完成時に言語を利用した振り返りをさせます。自分の現状を常に客観的に評価し、今後の自分を正しくコントロールできるようにしたいからです。

言語で残しておけば、時間が経ってからの振り返りが容易で、他者からのアドバイスも受けやすくなります。また、自分の取組みを言葉や図表を使ってまとめたり、みんなの前で説明することによって、論理的思考力が育まれ、日常生活における課題についても深く考えられ、その課題を解決していく方策がたてやすくなると思います。

POINT❹　学習した事柄を実際の生活に役立てられるようにさせる

　学校ではいろいろな教科を学びますが，人間が生きていくために最も大切な教科が本教科だと思います。阪神淡路大震災の折に，授業を受けた中でどの教科が役に立ちましたか，という質問に，本教科をあげる生徒が多くいました。これは本教科が家庭や地域社会とのつながりを意識した題材を組みやすく，生活技術を習得することをねらいにしているからです。

　電気製品の簡単な故障やぐらぐらした台の修理，修学旅行の思い出をコンピュータを利用してまとめたり，庭で花を育てたりなど，くらしを充実させるためには生活技術が必要になります。「これは使えそうだ」「ここで活用してみよう」「ぜひ自分で試してみたい」といった思いが高まるような学習内容をできるだけ多く用意して，生徒たちがものづくりの基礎・基本をしっかり習得できるようにしていきたいと考えています。

POINT❺　身近な生活を見直し環境保全に進んで取り組めるようにさせる

　これからの社会は，知識の習得や理解をもとに，確かな見通しをもって自ら行動していけることが大切です。そのときに，人間と環境とのかかわりについて正しく認識し，責任ある態度で，身近な生活を見直していく必要があります。

　家庭や地域社会の一員として，「自分1人ぐらい」とか「なぜ自分が」という感情から一歩進んで，「みんなで」や「お互いさま」という共生の大切さに気づき，身近なところから，そして，自分ができることからしっかり実践に移せるような人材の育成をめざしていきたいと考えています。

3 実践例〈技術分野〉

エネルギー環境問題について自分らしさを生かして伝えよう

　本実践は，3年間を通して学んだ，ものづくり，エネルギーの利用，コンピュータの活用などのまとめとして第3学年で実施したものです。3年間の取組みと合わせて，簡単に紹介していきたいと思います。

①**技術の進展と地球環境問題との関係を知ろう（全学年）**

　社会の変化に対応する力をつけるために，現代社会で広く活用されている技術について考える場面を設定し，技術の果たす役割をまずしっかり認識させます。いまや技術が環境問題の原因と解決に深くかかわっていることは確かで，そのことを生徒たちに気づかせ，技術の進展と環境問題との関係について大きな立場から関心をもって取り組ませたいと考えました。

　技術の進展とエネルギーの消費量の関係について具体的なデータをもとに考えさせ，エネルギー資源の現状や環境問題から要望される省エネルギー技術の開発など，新しい技術とその有効な活用方法を，生徒の目線に立ってとらえ直せるように配慮しました。

②**ガイダンスを生かした「ものづくり」の実践（第1学年）**

　第1学年の最初に行う教科ガイダンスとして，ものづくりを行うにあたって，社会で実際に活用されている各製品のライフサイクルについて取り上げます。廃棄物の量を減らし，省資源・省エネルギーになるように資源を循環させる技術が，社会において配慮されつつあることに気づかせるようにします。また，新素材や新エネルギーなどの先端技術のほか，持続可能な社会の構築の観点から，計画的な森林資源の育成と利用などの技術の必要性に気づかせ，ものづくりに使用する材料を改めて大切なものとして考えさせるようにしました。

実践的・体験的な学習活動は，本教科の大きな特色です。第1学年の「材料と加工に関する技術」の学習では，材料の特徴と利用方法を知り，それをもとに材料に適した加工法を研究し，工具や機器を安全に使用しながら，製作品の設計・製作を進めるようにします。基礎・基本となる共通学習として，廃材を利用してミニ本立てを製作し，その後にそれぞれが選んだ材料を使用して，個に応じた本作品作りに入るようにしました。

③エネルギー変換の技術が社会に果たす役割を考えよう（第2学年）

　第2学年で「エネルギー変換に関する技術」を学習しました。本学習では，小学校および中学校の理科等におけるエネルギーに関する学習を踏まえ，関連する原理や法則が具体的にどのような機器やシステムに生かされているかを取り上げました。そして，科学的な根拠に基づいて考える基礎となる力をつけたいと考えました。

　また，エネルギー変換の技術が多くの産業を支え，同時に社会生活や家庭生活を変化させてきたことや，新エネルギーの開発やハイブリッド技術など，環境負荷の軽減を目的とした先端技術が，自然環境の保全等に役立つことについても考えさせました。よりよい社会を築くための技術を適切に評価し，活用できる基礎を培っていきたいと考えました。

　製作品は，電気エネルギーを熱に変換でき，今後の実習の道具として活用できる電気はんだごてを作り，その作品を道具として活用し，電気で情報を伝える発展的な作品を製作しました。最終的に自由製作に取り組み，完成した作品をみんなに発表するというストーリーを考えました。

　省エネルギーや使用者の安全への配慮，効果的なエネルギーの利用，使用目的や使用条件を考慮した仕組みや構造，自分なりに工夫したエネルギー作品ができ，その作品を紹介し，互いに評価し合える校内コンテストを開きました。友達の作品に込められた思いや努力を認め合い，優秀な作品は外部のエネルギー作品コンテストにも応募し，数々の大きな賞を獲得することができました。

④コンピュータを利用したものづくり（制作）（第1・3学年）

情報に関する技術が生活を支えている

　第1学年と第3学年で「情報に関する技術」の学習をします。この学習では，情報に関する技術の進展が，社会生活や家庭生活を大きく変化させてきた状況や，情報に関する技術が現代の多くの産業を支えていることに気づかせたいと考えました。

　また，情報活用能力を育てるために，小学校・中学校・高等学校の連携を意識します。小学校でコンピュータの基本的な操作や発達段階に応じた情報モラルを育成します。中学校では他の教科やすべての情報教育と連携し，高等学校での情報関係の科目との接続を意識した指導を心がけました。

自分の思いを伝える「環境カルタ」の制作

　コンピュータを利用したものづくりとして，エネルギー環境問題をテーマにした「環境カルタ」の制作（第3学年実施）を行いました。

　文字や静止画など表現手段としてのメディアを利用し，技術と地球環境問題という大きなテーマで作品を制作し，その作品によって自分の思いを他に伝えるという取組みを考えました。作品制作の構想段階では，自分の考えを整理し，よりよいアイデアが生み出せるように，これまで学んだエネルギー環境問題の振り返りと作品の全体構想，完成に向けての計画を立てさせ，見通しをもった取組みができるように配慮しました。

　カルタ形式にした理由は，カルタならだれにでも親しみやすく，受け入れやすいこと，自分の思いを自由に表現しやすいからです。

　制作する側も，その作品を見る側も，共に高まり合える要素をもった作品制作といえます。エネルギー環境問題のテーマは自由に選択させ，必要な資料の準備や調査・研究の計画を立てさせて，各自のペースで制作を進めました。完成した作品をもとに発表会を開き，相互に評価し合いました。

発表や評価の場があることは，生徒の学習意欲を高める

　発表の場では，作品を見せながら「なぜこのような作品にしたのか。こ

の作品で最も主張したい点はどこか」などを自分の言葉で説明させました。質疑応答を含めた形で相互に評価し合い，問題の共有化を図れるように努めました。

　発表や評価をする場があることで作品制作に励みと刺激が加わり，自分の作品や発表に責任がもてるようになりました。第1・2学年で学んだエネルギー環境問題を1歩深めた形での受け止めができたと思います。

　環境問題のテーマを各自に任せた分，多くの人の異なる見方や考え方が発表の場で聞け，参考になる点が多くありました。また，地球環境問題の特徴でもある多面性を浮き彫りにすることにもつながりました。そして，「環境問題への関心がより高まった（88％）。制作活動を通して新たな発見があった（75％）」等，多くの成果を得ることができました。

　学習事後の感想を見ると，カルタという象徴的な作品の中に自分の思いを詰め込む学習により，創意工夫して自分なりの作品を仕上げることの喜びを感じ取ったようです。また，地球人すべてが直面しているエネルギー環境問題に対して，自分の考えに基づいた提言ができたことに，達成感や成就感を多くの生徒がもてたようです。

　また，この「カルタ」を利用して，プレゼンテーションができる作品制作にも取り組ませました。カルタの形式を少し変更してスライド画面にはりつけ，アニメーション設定をすることで，カルタ1枚を見せるのとはまた違った効果が出せます。豊かな表現が演出できるようになり，生徒たちは興味をもって取り組むことができました。

　同じテーマ，同じソフト，同じ時間をかけて作った作品でも，それぞれに違いがあります。より効果的な表現方法や適切な情報処理の仕方を考え，工夫することの大切さ，また制作を通して新しい学びを獲得していくことの素晴らしさにたくさんの生徒が気づいたようです。

　ディジタル作品を利用する際の約束や気をつけないといけない事柄についても，制作や発表を通して理解を深めることができました。

第2章 教科でできるキャリア教育　8　技術・家庭科

生徒たちが制作した「環境カルタ」

授業の様子「制作を通してエネルギー環境問題のことがよくわかってきたぞ」

4 カリキュラムの構築にあたって〈家庭分野〉

POINT❶ いま，そして将来必要なことを学ばせる

　いま，社会では何が問題になっているのでしょうか。食品の偽装問題，賞味期限や生産地の改ざんなど，食に関する問題はあとを絶ちません。世界に目を向ければ，燃料の問題から特定の食品が品薄となり，近年稀に見る食品の物価高が生じて，消費者の生活を脅かすまでになっています。

　子どもたちは，いま日本や世界で問題となっていることを自分の身近に感じているでしょうか。いま自分にとって，日本にとって，世界にとって必要なこと，そしてこれからの将来に起こりうるだろう問題点を見据えて学ぶことを大切に考えています。

POINT❷ 実践的・体験的な小集団活動を大切にさせる

　子どもたちの記憶に残ること，そして真の学力につながることは，自分の頭で考え，自分で体験したことにほかなりません。体験を通して，子どもたちの中でコミュニケーションが生まれ，1人で実習を行うときよりも，何倍もの感動や喜びが生まれることでしょう。

　最初の調理実習は「うどんづくり」としています。粉をこねる作業は，幼少時の粘土遊びや砂遊びの経験まで記憶がさかのぼるようで，多くの生徒たちは喜んでうどんを作ります。ネバネバとした感触，生地を寝かせた後の弾力性，たった200グラムの小麦粉と少しの塩と水から自分たちの力でうどんを作ることができる……この感動と喜び，友達と協力して粉をこねて，生地をのばして，という作業をやりとげると，そのグループに一体感が生まれるのです。

　授業時数が限られているなかで，2時間連続の授業や実習は設定しにく

いですが，1時間でも行える実習にしたり，1時間ずつ分けるなどの工夫をして，1時間の実習に複数のねらい（後述の表を参照）を入れています。

POINT❸　プレゼンテーション能力を身につけさせる

これまでは，実習する時間やものづくりをする時間を優先的に確保するあまり，生徒が作った作品について，生徒が自ら「語る」時間を取りませんでした。作品にコメント表をつけたり，振り返り表を記入することで，自分の作品を振り返ってきました。しかし，作品にこめる思いや自分の夢，ものづくりをしている過程の苦労やエピソードなどを学級の中で「語る」ことができる場面が必要だと考えました。

生徒たちは，発表をすることで，自分の考えや思いを再確認することができます。発表を聞く方も，友達の思いや考えを真剣に聞くことが重要だと考えます。この発表の時間に，いろいろな考え方や友達の良い面を知ることで，これからの自分の生き方をよりよいものにしていく手だてや道しるべになると思います。

2年生の夏休みの課題『郷土料理新聞』はグループごとの発表会，3年生の『将来住んでみたい家』の設計図はスマートボードを使ってプレゼンテーションをさせています。

POINT❹　自分を見つめることから，学びが始まる

プレゼンテーション能力とならんで大切にしていることは，自分を見つめることができること，そしてよりよい自分へ向上させていこうとする意欲・態度・実践力です。自分を見つめて，常に振り返ることができる力を自己モニタ力と考えています。本教科は実際の生活に強く結びついている教科ですから，毎日の自分の生活（衣・食・住・家族）を振り返ってみるという場面を多く設定していきたいです。

よりよい生き方をするためには，常に自分を見つめ，振り返ることが大

切です。新しい学習を始める前に食生活アンケートをとったり，調理実習前後に自分の感じたこと，考えたこと，わかったことを子どもたちに書かせるようにしています。アンケートをとる場合は，個人情報が他の子どもたちの目にふれないように配慮することに気をつけています。

POINT❺　見通しをもって考え，行動する力をつけさせる

第1学年の最初に行う家庭分野の授業では，3年間の本教科の授業でどのようなことを学習するのか，ガイダンスを行うことにしています。また，各学年の最初に行う授業では，さらに詳しく，この1年に学習する内容を説明します。

これは，中・長期的な見通しをもたせることによって，3年間の本教科の学習内容だけでなく，他教科の学習もあわせて，自分の身近な問題点から世界の諸問題までどのようにとらえるか，予想させることができるからです。また，その問題をどのように解決するかを考えさせることにもつながります。それが自分や他，ひいては社会をよりよいものにしていくことにつながることになる，という大きな流れを理解させたいと考えます。

5　実践例〈家庭分野〉

健全な食生活をめざして（第2学年）

①**自分の食生活に関心をもたせる**

　子どもたちの日常生活を見ていると，塾や習い事に通う割合が多く，その日の夕食はファーストフードやコンビニエンスストアで買ったインスタント食品などで済ませている様子が見られます。食品を購入するときに賞味期限を見ている者はいますが，品質表示などはほとんどの子どもが見ていないことに驚かされます。自分が食べる物にどんなものが使われているか，子どもたちにとっては，あまり関心がないことなのでしょうか。

　本校の生徒の多くは，ものをつくるという行為，とくに調理実習や実験は大好きで楽しみにしています。そこで，最初にオレンジドリンクの調理実験を行っています。

　クエン酸や香料，着色料を使ってグループごとに無果汁のオレンジドリンクを作らせます。そして，これに100％オレンジ果汁を少し混ぜた30％果汁入りオレンジドリンク，100％果汁オレンジジュースの3種類を飲み比べさせました。自分たちが普段何気なく口にしている30％の果汁ジュースが何からできているかを知ったときの驚きは，こちらの予想を超えるものでした。

　生徒の感想の中には，「添加物のような薬からジュースができているなんてびっくりした」，「なるべく添加物の入っていないものを買いたい」というものが多く見られました。

②**いろいろな調理方法でいろいろな食材を調理させる**

　本教科は，ものづくりを中心とする教科なので，何からできているか知らなかった食品を自分たちでつくる実習に，多くの時間をかけました。そ

の実習を授業だけで終わらせるのではなく，家庭で実践することで，食に対する関心がわき，よりよい食生活を送ろうとする意欲が育つと考えています。

一人一人のレベルは違いますが，作るという体験をきっかけとして，生徒たちに変化が見られるようになりました。振り返り表などに，

「買いものをするとき，品質表示などを見るようになった」

「添加物の少ない食べ物を買うようにしたい」

「着色料が使われているものをお弁当に入れないでほしいと親に頼んだ」

「栄養や健康を考えながら作ってくれる親の気持ちや苦労がわかった」

という感想が増え，体験を通して親への感謝の気持ちも育っていると感じました。

以下に，これまで取り組んできた実習例をあげます。

学年	実習内容	実習で学ばせたいこと	代表的な準備物（材料や道具など）
2	無果汁オレンジドリンク（実験実習）	食品添加物の使用目的	クエン酸，オレンジエッセンス，赤・黄色の着色料，100％オレンジ果汁
2	手打ちうどんとつけ汁	小麦粉のグルテン形成，混合だしのとり方	中力粉（なければ薄力粉，強力粉），業務用だし昆布・だし鰹
2	国産大豆を使った，豆腐としょうゆ	無農薬食品の安全性，遺伝子組み換え食品	国産無農薬大豆でできたしょうゆ，豆乳，にがり
2	カッテージチーズ	牛乳のたんぱく質の凝固	牛乳，レモン，温度計
2	水ようかん	寒天の凝固，寒天の栄養的効果	寒天（粉寒天，棒寒天），こしあん，バット
2	月見団子	デンプンの糊化，お月見を通して日本文化を理解する	上新粉，白玉粉，こし餡，つぶ餡
1・2	インディカ米でつくるおにぎり	米の種類によるデンプンの調理上の性質	インディカ米，ジャポニカ米（うるち米），好みの具材
2	いわしの蒲焼き（いわしハンバーグ）	魚のたんぱく質の凝固，魚の手開き，エコクッキング	いわし，揚げ油

2	手作りパンとジャム	イースト菌の発酵と小麦粉のグルテン形成，果物のゲル化	強力粉，ドライイースト，電子レンジ，耐熱容器（ボウル），ジャムになりやすい果物（イチゴやりんご）
2	スパゲッティペスカトーレ	生鮮食品と加工食品，貝類の扱い方	トマト，フードプロセッサーかミキサー，あさりなど
2	腸詰ソーセージ	肉のたんぱく質の凝固，ハーブの育成（セージ）	豚ミンチ肉、豚の腸、腸詰め用道具，ハーブ
2	アジのムニエル	魚のたんぱく質の凝固，魚の2枚（3枚）おろし，ハーブの育成（バジル）	アジ，ハーブ
1・2	サーターアンダギー	郷土料理を通して沖縄（修学旅行先）の文化を学ぶ	小麦粉，黒糖，揚げ油
2	こんにゃく	郷土料理を通して滋賀（校外学習先）の文化を学ぶ	こんにゃくいも粉
	湯葉		豆乳
3	蒸しプリン	幼児のおやつづくり，蒸し器の使い方	牛乳，卵，砂糖，蒸し器
3	にんじんケーキ	幼児のおやつづくり	にんじん，オーブンまたは蒸し器

③自分の食生活をよりよいものに

　生徒が自分の食生活に興味関心をもち，いままでの食生活を見直して，自分で問題点を見つけてほしいと考えました。その問題点の解決に進んで取り組もうとする向上心や自分で意志決定していく力が，よりよい生き方につながると思います。

　食品群別摂取量は，各栄養素を1日何mg摂取するかという目安を示したものです。しかし生徒たちには実感がわきにくいので，1日に30品目の食品を摂取しているかどうかを目安に，バランスのとれた食生活をめざすようアドバイスしています。

　まず，生徒は1日分の食事の献立と使われた食材を書き出します。この作業をさせることによって，自分の食事がバランスのとれたものか，不足している食品があるかがすぐにわかるようになります。

食の学習のまとめとして，モデルとなる食事を分析し，不足している栄養素を補うためにはどのように献立をたてなおすかを考えさせました。また，実習を通して，調理器具を安全に取り扱い，作業手順や時間配分を考え，友達と助け合って作業を行い，調理技術を高めることも学習のねらいにおきました。

　調理実習を行うときは，毎回，グループのメンバーを変えて行います。だれとでもすぐにその場で話し合い，メンバーと協力しながら実習に取り組み，実習を成功させることをねらいとしているからです。

　また，夏休みには，子どもたちが興味をもった郷土料理についての調べ学習を提出させています。修学旅行で訪れる先の郷土料理（沖縄や北海道），家族の故郷の郷土料理など，さまざまな地域の郷土料理を多くの子どもたちは調べてきます。その地域の気候，風土，歴史等の食文化を理解させるとともに，地域の食材を活かすなど，フードマイレージを意識した学習をさせたいと考えています。

④「いただきます」と「もったいない」を大切にした食生活

　人間が生活していくうえで，環境問題は切っても切り離せません。衣・食・住のいずれにおいても，環境にやさしい生活を送ることが，地球に住む者に要求されています。食事作りから出る排水やゴミ問題などの身近なことから，世界の食糧問題など，生徒が広く深く世界を見つめられる目を育てたいのです。「いただきます」，「もったいない」という言葉の意味を再確認させ，毎日食事を取ることのできる，いまの自分の環境に感謝することも忘れてほしくありません。

　食生活だけに限らず，自分の生活全体を見つめ，問題点があればその問題を解決し，健康的な生活を送ることを日常生活の中で実践できる力を身につけさせたいです。さらに，自分の身近な生活だけでなく，世界に目を向けて，環境にやさしい生活を実践していけるように学習を進めていきたいと思います。

9▸▸英語

世界と対話できる道具「英語」を使って幸せになる！

1 教科としての英語を学習させる意義

◆まず，英語の本質と学習する意義を教師が明確に見いだす

「なぜ英語を勉強しなくてはいけないのですか？」……以前，私も，生徒からこのような質問をよく受けました。学校が落ち着かない状況にあるほどその傾向はあるようですが，その答えとして一般的なものは，「これだけ国際化がすすんでいるんだから」「英語は世界の共通語だから」「世界基準のテストで成績が低いから」「それは英語が苦手な人の言いわけだよ」といったもので，なかには「受験に英語は必要なんだ」というような突き放したものまでありました。

たしかにそのようにも言えるでしょうが，いずれも十分な答えにいたっているとは思えません。英語の教師なら，少なからず受けるであろうこの難解（？）な質問に対する答えを，いったいどのように考えていくべきなのでしょうか。また，教師自身もこれからの英語学習の有り様をどのように受け止めながら日々の実践をしていくべきなのでしょうか。

実はこれは，英語教育の本質にかかわる問題でもあります。英語が使え

なければ死活問題にかかわる国々に比べ、英語を使う必然に直面することが少ない日本では、なぜ英語を学習するのかという、根元的なことが現場でもあまり語られてこなかったことの証かもしれません。

英語を学習するほんとうの意味がぼやけているなか、小学校でも「外国語活動」という形ではありますが、英語が始められるのです。小学校における英語の導入の賛否はともかく、ますます世間の英語熱は高まると言っていいでしょうし、教師の役割は以前にも増して大きくなっているということを、まず自覚する必要があるでしょう。

そして、英語の本質と学習する意義を教師が明確に見いだし、常に生徒に語っていかなくては、実用的であるはずの英語がただの学問としての英語に陥ってしまい、依然、変化のない受験のスキルとしての使えない英語を教えていくことになるのではないでしょうか。

そこで、よりどころとなる考え方が「キャリア」です。それについて述べる前に、学習指導要領についてふれ、英語の教師に突きつけられているものを整理したいと思います。

◆英語の「楽しさ」と「実力」の双方を培う

新しい学習指導要領が告示されましたが、前述のように小学校に「外国語活動」が導入されることもあり、中学校における英語（外国語）学習の目的や内容は、それをたぶんに意識したものとなっています。

ほかの教科に比べ、英語は、「数年間も学習しながらなぜ使いこなせないのか」という批判を受けることが多い教科だといえますが、また再び、大きな変革を迫られることになったといえます。

学習指導要領の内容や授業時間数の増加はもとより、小学校での「外国語活動」として英語の授業が設定されることで、中学校ではそれを踏まえた、いままでとは違った英語学習へシフトチェンジする必然が出てきます。

次に、その整理すべき具体的なポイントをいくつかあげていきたいと思います。

◆変革のポイント1：小学校の英語を受けた授業の工夫

　まず第一に，英語の「楽しさ」にすでにふれた子どもたちが中学校へ上がってくるということです。

　現在でも多くの小学校で英語，もしくは異文化理解(cross-cultural understanding)に類する授業がなされていますが，「英語を体系的に教わっているわけではないけれど，楽しさには慣れている」……そんな子どもたちが1年生として入学してくるということです。

　これは，一見喜ばしいことのように思えますが，うがったものの見方をすれば，「おいしいところは小学校にもっていかれ，中学校では二番煎じ，しかも，その後に受験が控えているため成果を求められる度合いが強い」ということになります。

　すでに，子どもたちが興味をひかれる，さまざまな外国語活動を実践している小学校もあります。中学校でもそれをしのぐほどの実践をしなければ，生徒たちはますます英語に興味を抱かなくなる可能性があります。そればかりか，日本人の英語力の乏しさの理由が中学校の英語教育にあると言われかねません。

　小学校ではあくまで興味関心の促進程度，しかし，中学校では，英語の楽しさを踏襲しつつ，高等学校をにらんだ実力を身につけさせなくてはいけないということです。

　小学校でどんな外国語活動が行われているか，常にアンテナを高くしておくことは必要不可欠なことになります。

　ちなみに，中学校の3年間でも生徒の英語の習得レベルに差が出てきますが，小学校で展開される外国語活動においても，同じようなことが予想されます。

　英語学習のスタートラインがすでに異なっていると予想されるなか，中学校の教師は，アルファベットから教えなくてはいけないということも覚えておく必要があります。

◆変革のポイント2：4技能のバランスの違いをどう埋めていくか

　第二に，4技能のバランスです。

　新しい学習指導要領の中学校の部分では，「読む」・「書く」の技能に関しては「慣れ親しみ」とあるのに対して，「話す」・「聞く」という技能からはその言葉が削除されました。これは，おおげさにいえば，音声としての英語と文字としての英語の習得段階の「格差」をつけることになります。「小学校では音声的なアプローチを中心にする，だから中学校では応用的な speaking・listening と基本的な reading・writing をしなさい」という解釈です。

　言語を習得するのに音声から入り，それから文字というのは発達段階からいって間違ってはいませんし，小学校で現在行われている外国語の学習との調整を図った文部科学省の配慮なのでしょう。しかし，中学校としては，それが授業のデザインをむしろむずかしくしていく，といえるかもしれません。

　幼児期から母国語としての英語を教えるのならともかく，ある程度の年齢から，EFL（English as a foreign language）の習得をねらうのなら，やはり，読み書きと文法も欠かせません。会話を中心としたイングリッシュシャワーによる技能習得だけでは限界があります。

◆変革のポイント3：言語材料の増加にどう対応するか

　第三に，言語材料の増加です。

　例えば，「to 不定詞」・「動名詞」については「基本的な用法」とされていたものが削除され，「受け身」も「現在形，過去形のみ」とされたものが，新学習指導要領では扱う時制の制約などがなくなっています。

　語彙についても900語から1200語程度に増え，表現の幅が広がったともいえますが，受験問題の難解化の可能性に伴って，ますます受験産業に免罪符を与えかねないものになっているともいえます。

　以上のような状況を教師は受け止め，かつ英語学習の意味を見失わず，

授業をデザインし，実践していかなくてはならないのです。これはなかなか大変なことですが，このような変化が求められるなか，「キャリア」の考え方をもつことが有効です。

　この考え方を授業に組み入れ実践していくことで，英語学習の本質もその目的もうまく取り込んでいけると思います。

◆英語は世界の価値観にふれ，幸福をもたらすスキル

　人間の生きる究極の目的といえば，「幸福の追求」です。何をもって幸福とみなすかは人によって差があるでしょうが，人は幸福になるために学習をし，仕事をしています。

　では，英語を学ぶことでどんな幸福を得るのでしょう。そもそも，言語としての英語とは，「世界の価値観にふれることのできる優れたコミュニケーションスキルである」ということだと考えています。それは芸術やコンピュータ言語のように，一瞬で異なる世界に連れて行ってくれる，そういった側面をもちます。

　そうすると，英語を学ぶ意味は，世界に存在するさまざまな価値観と比較して自分の価値観に磨きをかけたり，異文化へ入り込むための入口を知ることともいえます。

　また，英語を学ぶことで異質なものへ踏み出す勇気や好奇心が生まれ，自分を振り返る心が生まれてくる場合もあるでしょう。

　相手の文化に対する理解と自分の文化に対する誇り，違うけれど同じ，同じなのだけれど違う，そんな価値観のせめぎ合いなど，英語を学習することで得られるものは数多くあると思います。そのような事実は人としての幸福に直結する，と考えられないでしょうか。

◆人間らしい「何か」を学び，英語は魂を吹き込まれる

　英語というフィルターを通すことで，未知との遭遇がかないます。「キャリア」とはこういう考え方に立ったものです。

　一般的には，「キャリアアップのために英語を学ぶ」と言いますが，英

語を自由に操れる、それだけでもすばらしいキャリアだといえます。なぜなら、それがその人の価値を高めるスキルと成りうるからです。

ただ、英語そのものはスキルに過ぎず、英語というスキルを通して何かを学ぶこと、というより、人間らしい何かを学ぶことによって英語ははじめてほんとうの意味をもち、魂を吹き込まれると言ってよいのではないでしょうか。

折しも新学習指導要領では「道徳を要とした学習を」という方針が出されましたが、実はそれは、「キャリア」を考えた学習展開と似ているのです。

◆英語を習う理由は「幸せになるため！」

言語を1つマスターすることは大変な努力を要し、人が言うほど簡単なことではありません。

それはもっぱら個人の努力によります。しかし、自分の英語が通じたときのあの感動、外国人と心が通じ合ったときの楽しさ、同じなんだと確認できたときの一体感、違うんだと驚きを覚えたときの感覚などは伝えていきたいですし、いつの日か生徒たちにも味わってもらいたいというのは教師の変わらぬ願いです。

そんななか、異文化への入り口まで彼らを連れて行くこと、それが、中学校での英語学習が果たす役割ではないでしょうか。

最初に述べた、「なぜ英語を習うのか」という質問に、私はこのように答えます。

「幸せになるためだよ。幸せになるとは内側に、『何か』を見つけること。英語は世界と対話できる道具だからね、必ずその手助けをしてくれるよ。だから、知っていないとダメだし、知っているだけでもダメなんだ」

こう、胸を張って言いたいですし、生徒の口からそんな質問自体が出てこなくなるほど英語を身近に感じさせることが教師の役目でもあると確信しています。

2 カリキュラムの構築にあたって

POINT❶ 対話で得られる「何か」を見いだすための授業の工夫

　英語学習にとって，最も大切な考え方が人との「対話」です。speakingはもとより，readingやwritingにいたっても異文化との「対話」といえるのではないでしょうか。この「対話」という言葉に，「自」と「他」の存在がすでに感じ取れますが，自分発信と他者理解は英語の授業の中でも中心をなすアイデアです。英語の運用能力を高める授業とともに，「対話」を通して得られる何かを大切にしていきたいものです。

　そのための方法として，以下に例をあげます。
・会話練習は2往復以上のダイアログを使う
・日常の（話題性のある）題材を小グループで議論させる
・日常英語を生徒に意識して使わせる（プリントを配る際に，Here you are. Excuse me. Thank you. など）
・自由に会話練習などをする際には，男女で行わせる
・英語で雑談をさせる
・会話の中でレスポンス（response）をさせる
・英語だけで注意をする，しかる
・道徳的なことを英語で話す
・日本語で国際人を語る
・ALTと教師が談笑する，休憩時間に雑談をさせる

　もちろん，英語の授業としてはさまざまな活動を通してスキルを定着させなければ何の意味もありません。最近，授業研究会などに参加すると，英語の授業なのか社会の授業なのか，よくわからないものが時折あるように思いますが，重点はやはり言語学習であることだと思います。言語習得

のための活動と，人間関係のなかであたりまえに存在する部分を伝えることや，対話によって生まれる何かを尊重した活動とのバランスを調和させながら実践をすることが「道徳を要とする」の解釈です。

ニューヨークのグラウンド・ゼロを訪れたときに，さまざまな国籍の人々がそこにそれぞれの辛辣な思いで佇んでいるにもかかわらず，ピースサインをしてはしゃぎながら，金網をバックに友人たちと記念写真を撮っている日本人観光客を見かけました。英語が使えるとはどういう意味か，国際人とは何か，もう一度考えさせられる瞬間でした。英語ができれば，世界とつながるツールを手に入れたことになるのは確かです。

ただ，そのツールは「人」によってはじめて生きてきます。コミュニケーションツールを手に入れたとしてもそこに「人」がなければ，われわれがそうであるように，世界も「対話」には応じてくれません。いまや現代は「英語ができなければ通用しない」のではなく，「英語ができるだけでは通用しない」世界になりつつあるのです。

POINT❷ 生活の中にある「自然」な題材とⅠ＋１（アイプラスワン）

新しい学習指導要領の英語学習の目標から「実践的な」という言葉が削除されました。というより，あえてなくしたと思われます。これは，コミュニケーション活動において「実践的である」のは，もはやあたりまえのこととして扱うべき，という考えに立ったものと推測されます。

では，どういうものが実践的な英語なのかという議論はこれから必要となりますが，それは単に，すぐ使える英文，慣用句，おきまりのフレーズなど，いわゆるお役立ちフレーズを指すのではありません。それらを覚えるだけでは低いレベルの限界をみるだけです。

そこで，「実践的」＝「自然」なものと考えました。教科書や参考書から抜け出てきたような英文ではなく，もっと生活の中にある英文や，文化や習慣を感じさせる英語のことです。「日常を英語にすること」は，英語

の教師はいつも考えていることでもあると思います。いかに英語を日常のものとできるか,それが勝負どころといえるでしょう。

　I＋1（アイプラスワン）とは学習者の能力より少しだけレベルを高くおいて題材を考えることで,少し考えさせる微妙な質問などをすることです。題材が学習者の能力より低ければ学びがありません。生徒の好奇心を刺激するためにも,「少しむずかしいかもしれない」程度のI＋1の考え方に立った教材作りをおすすめします。

◆ I＋1の具体例

・ビンゴゲームなどの際には,使用語彙を既出のものだけにしない。
・単語の使い方を示す。
　（例えば, mean は「意味する」ですが, I mean it. は「本気です」）
・新出単語,連語を使って英文を書かせる。
・新出単語が出てきたときには,関連する語彙も示して広がりをもった板書をする。　例：hard－tough－difficult
　　　　　　　　　　　easy－simple
　　　　　　　　　　　　a piece of cake
・例文に少し味付けをする。
　例：He is a good tennis player. はありがちですが,これを,
　　He is a good lacrosse player. とすると「ラクロスって何？」ということになるでしょう。
　　We call him Tom. これもよくあるわかりやすい例文ですが,これを,
　　We call the white dog Oto-san. とすると,ニヤッとする生徒もいるでしょう。
　　I have been an artist, and now, and will be.
時制の変化を用いたシェークスピアの残した簡潔な文です。
　　I hope the Pacific is as blue as it has been in my dream.

映画のせりふですが、節、比較、現在完了が含まれています。むずかしいですが何とか訳そうとする生徒もいます。映画は名文の宝庫です。

 Was it a cat I saw?

関係代名詞が省略されている文ですが、回文になっています。

 My father is a good cook, and my mother works at the bank.

アメリカでは専業主夫（at-home dad）が16万人ともいわれています。

 He always goes to school every morning with his mother.

アメリカでは、親には小学生の子どもを送り迎えする義務があります。

 I can't live without a cell phone.

生徒たちに、ほんとうのコミュニケーションとはどういうことか、持論を展開したり、議論させてみてはどうでしょう。

根底にあるのは、英語は遠い場所での事柄ではなく、いつもそばに置いておけるものなのだと生徒たちに「思わせる」のではなく、「感じ」させるという姿勢です。

よく言われることですが、「英語を」学ぶのではなく、「英語で」学ぶというイマージョン（immersion）（英語漬け）的な発想です。to learn Englishではなく、to learn something through Englishです。イマージョンは英語で「何か」ですが、「何か」が主体です。使用言語がたまたま英語なだけです。あくまで英語科の授業は言語活動であり、「対話」を飛ばして考えることはできません。

POINT❸ 「演出」をドラマティックに

英語の教師には、題材をどのように導入で見せていくか、ドリルはインタビューかゲームか、歌はどれにするかなど、レクリエーションのリーダーさながらのアイデアが求められるのはご存じのとおりです。アイデアが決まれば、絵を描いたり、カードを作ったり、というのは英語を教えるなら必ず経験することでしょう。そういった意味では教師はエンタテイナー

だといっていいかもしれません。しかし，実はこのエンタテイナー，あるいはコーディネイターとしての役割がとても大きな意味をもちます。なぜなら，生徒たちをのせ，発声させ，会話をさせることが，英語学習が宿命的にもつスタイルだからです。

　また，小学校で英語をある程度活動としてやっているとなると「ああ，この活動はこうするんだろうな」と生徒から予想されることもあるかもしれません。エンタテイナー性を発揮して，それをいい意味で裏切っていく必要があると思います。そして，題材との出会いをドラマティックに演出することが大切ではないでしょうか。

◆**ドラマティックな演出例**
・授業の初めに，自然と英語になじめるような活動を継続して行う。(定番の手法ですが歌をうたう，映画を見るなどは有効です)
・歳時記について話す。(季節には常に敏感でいたいものです)
・「笑い」や「ユーモア」をどこかに盛り込む。
・理由を述べさせる機会をつくる。(例えば，授業の初めに突然，「今日はテストをする」と言うと生徒から「え〜っ！」という反応が返ってくるでしょう)

　　teacher：Good morning. Now, we have a small test (quiz) today.
　　students：No〜！
　　teacher：O.K, but why "no"?
　　student A：I don't like it!
　　teacher：Yes, but it's your feeling or impression. Tell me your reason.

　生徒には，気持ちや印象を言うだけでは伝わらない，筋道を立てて理由を述べなくては伝わらない，と指導します。because の有無については段階を追って伝えればよいでしょう。言うのがむずかしければ，しばらく書かせる時間をもってもよいと思います。
・自分のことについて話す。(毎回，短いスピーチを生徒にさせます。自

己紹介なら１年生でも可能でしょう）
- ALTとクラスを半分にして別の授業をする。（ALTの力量にもよりますが，少人数になるので生徒も案外リラックスしながらALTとコミュニケーションの機会がもてます）
- more English & less Japanese（授業すべてにわたってではなく，日本語を使わない機会を必ずつくることです。頻繁に行えば生徒にも癖になってきます）

あの手この手を使って英語にふれさせる，まるで毎日が戦いのようですが，小学校とは違い英語の専門家としての意識を発揮していくところです。

POINT❹　学びの前に学びの確認を

授業の初めに，その表現をなぜ学ぶのか，なぜ大切なのかを話す機会をもってスタートすることです。学びの前に学びの確認をすること（先行オーガナイザの発問と言います）の有効性は確認されています。例えば比較の場合ですが，

Today's topic is comparison. Why do you think it is important to compare?
という質問で，あわせて，「比較はどんなときに使うか」「比較を使うときに気をつけなくてはいけないことは」など，少し考えさせます。

You are smaller than he. He is cleverer than you. などは例文としては有効であっても，実際に人に使うと人間関係にヒビが入るかも知れません。とくに比較は，「こっちの店のほうが安い」や「もう少し大きいサイズが欲しい」というような生活に密着した表現も多いのですが，このように「人を比べる」ときなどには注意が必要です。

比較の単元を扱うときには教師ならあたりまえに考える注意点を，彼らにも考えさせるのです。その学習をする意味がわからないという生徒が多くいるなか，ある程度腑に落ちさせて授業を進めること，自分の言動には責任をもつことなどは，伝えていきたいものです。

POINT❺　speaking「動」の英語，文法とreading「静」の英語

　一般的に中学校の英語の授業といえば，英語が飛びかい，活発に生徒が発言する，といったものを想像します。そういった授業が評価されやすい傾向があるともいえますし，オーラルアプローチは，いまとなっては日本の英語教育ではスタンダードとなりつつあります。文法中心の英語からの脱却と英語を話せる日本人を目標にした学習の結果といえるでしょう。

　いわば，speakingを中心に展開される「動」的な要素を取り入れた授業形態です。ただ，そのしわ寄せで英語学習の主流としては存在せず，やや端に追いやられた感のあるものが文法やreadingの学習です。それは，「動」に対して「静」の授業といえるかもしれません。

　この仕事をしていてわかるのは，この「静」の授業を軽んじていない教師が実は多いということです。使える英語と称してオーラルな英語を考えがちですが，ネットが発達したいまでは，日本における使える英語とはwritingやreadingかもしれません。

　そういった観点からも，また，小学校における外国語活動と一線を画すためにも，訳読ではなく，純粋に英文を読んで物語を楽しんだり，課題をもって英語を書く時間ももつべきだと思います。

　英文法の説明も英語でしてみたり，いま脚光をあびているイメージからの文法や，コーパスなどを使った新しい切り口の文法学習をしてみてはどうでしょう。

◆キャリアを意識して実践したreading, writingのアイデア
・絵本を読み聞かせる，または読ませる。（音読ではない）
・友人へのbirthday cardを書かせる。
・絵日記を書かせる。
・e-mailを書かせる。
・お世話になった人に手紙を書いて送る。

3　実践例

1.「外国人にインタビューしよう」

　文法重視の学習からコミュニケーション活動重視へと英語の授業が変わっていくなか，生徒が授業の中で英語を使う機会は増えてきてはいるものの，自分の英語でほんとうにコミュニケーションがとれるのか，生徒たちは半信半疑なものです。授業という閉じた世界でALTと会話をしても，生きた英語を使う場面が少ない彼らにはやむを得ないこととも言えます。この学習は，来日している外国人に生徒自身の力で直接インタビューをし，内容をレポートさせるというものです。目的は次の2点です。

・自分の発した英語が歴史も文化も違う人に理解され，通じる，対話できるという感動を実体験として得ること
・コミュニケーションを通して生徒たちが自分たちの考えをもつこと

　point 1 の「対話」から何かをつかみとるための学習ですが，比較的まとまった時間がとれる夏休みの課題とし，レポートとして提出，発表となります。対象は2，3年生です。

◆事前の学習～慣用表現の確認，質問文の作成など～

　まずは，この学習の意義を説明します。日本は外国人にどのように映っているのかを知るための参考資料として，「外国人による日本（人）を題材としたスピーチの内容」「日本にいる外国人留学生の現状と彼らの意見」「外国で使われている日本語の教科書の一部」「外国人がお土産として購入するもの」など，さまざまな角度からの資料を生徒たちに紹介します。

　また，日本に対する誤解も紹介します。先入観で判断することやうまく交流がなされないことが，いかにばかげた誤解を生むかを示すためです。

　生徒たちは「そんなことがあるはずはない」という表情をしますが，し

かし，国と国との間に限ったことではなく，すぐ身近でも起こっている事柄である旨を伝えます。異文化理解を担う学習ではありますが，遠くの事柄を引き寄せて身近なこととして考える，そういった姿勢をつくり出すこともこの学習で可能と思われます。その後，英語を使う場合の慣用表現，マナーなどにふれ，計画立案，質問文の作成なども行わせます。具体的な質問内容は以下のようなものですが，生徒独自の質問も考えさせます。
・来日前の日本のイメージは？ ・そのイメージは変わりましたか？
・どのように変わりましたか？ ・日本(人)のよい(悪い)ところは？
・日本に期待することは何ですか？

◆インタビューの実際

　街に出て道行く外国人に話しかけ，インタビューし，内容をレポートするという，大人でも尻込みしそうな課題に最初は生徒もとまどいを見せますが，夏休み明けには立派にこれを成し遂げています。感想を聞くと，「緊張した」「やさしかった」「楽しかった」「ほめられた」など状況を生き生きと話してくれます。観光地や駅などで，何時間もかかってやっと話しかけた生徒もいれば，何人もインタビューして楽しんだ生徒もいます。いずれにしても，勇気を出して「対話」し「何か」を得たことになります。

◆事後の学習～歩んできた道を振り返り，進むべき道を見いだす～

　レポート用紙にまとめてきた内容をグループ内で発表し合いますが，なるべく多くのレポートにふれてほしいため，時間を決めてグループを変えていきます。ほかの人がどんな意見をもったのかを多く知ることも自分の考えを深めるうえで大切です。代表者にプレゼンテーションをさせ，最後にこの学習を通して考えたことなどを全体で意見交換します。

　そのなかで，多くの外国人が口にする意見を聞いたり，国籍が同じ外国人でも意見が違っていたりするのを目の当たりにして，生徒自身も揺れながら自分の意見を形づくっていきます。

　外国人の視点の中には，いままでの日本や日本人が歴史的に何をどう発

信してきたかが含まれています。意見を聞くことで歩んできた日本の過去と現在を知ることができ，その内容を考察することで，進むべき日本人としての未来が見えてくるのです。歩んできた道を振り返り，進むべき道を見いだす，これがいわゆるキャリアの考え方で，たとえそれが一外国人の意見であったとしても，島国に住む日本人が，国内にいながらリアルに世界の中の日本を意識できることは，大変貴重なことではないでしょうか。

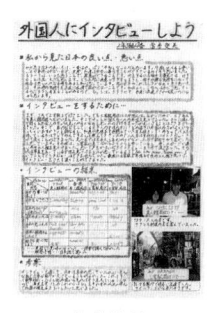

生徒作品

　異文化理解，語学学習として街頭インタビューをするという手法は，海外ではあたりまえに行われています。とはいえ，体当たりで外国人に向かっていくことは生徒にとっては大変な勇気を必要とすることでしょう。ただ，前述のような姿勢を携えながら，自分自身の経験則から異質だと思えるものにふれる際に覚える抵抗感を克服することこそが，真のグローバル化への第一歩であり，キャリアを備えた人と成り得ます。彼らにとっては小さなコミュニケーションですが，大きな一歩となります。

2．語用論としての英語

　英語学習でなかなか深く取り扱いにくいものは，イントネーション（抑揚）やコロケーション（連結）といった内容ではないでしょうか。文法的には正しいけれど状況を考えるとおかしい，というようなものです。また，イントネーションが違えば，同じ表現でも伝わり方が異なり，語彙の連結を考えなければ，不適当で落ち着かない表現となってしまいます。そういった立場に立った考え方が「語用論」です。それに加え，授業中の活動では，ただ単に英語表現のコミュニケーションドリルとして実践されることが多く，なかなか正しい用途を解説できません。いろいろな場面を想定し，文法をあまり意識しない英語を，相手の気持ちなどを考えながら使わせることで，外国語を話す生き生きとした生徒たちの姿を期待できます。

◆感情を乗せた表現の学習

右のような短いダイアログを提示し，覚えさせます。次に「このような状況なら，どんな抑揚やイントネーションの会話になるか」を考えさせます。

> A : What time do you want to meet?
> B : I don't care. Any time is OK.
> A : How about 2:30, then?
> B : Sure. That would be fine.

例えば，少し耳が遠いお年寄りになら，

　　Whaaaaaaat tiiiime dooooo youuuuu waaaant tooo meeeeet?

というような言い方になるかもしれませんし，急いでいる人なら，

　　Whatimedo ya wanna meet?

といった感じになるでしょう。このように，いろいろな状況での会話練習を行うのですが，そのほかには次のようなものが考えられます。

- ・A and B are very, very old
- ・A and B are sad
- ・A and B are on a roller coaster
- ・A and B are very tired
- ・A and B are robots
- ・A and B are sleepy
- ・A and B are very shy
- ・A hates B, B loves A
- ・A and B are in great pain
- ・A is a movie star, B is a fan
- ・A and B are standing on opposite sides of a busy street

これらをカードにして次々に生徒に引かせ，ペアで会話をさせます。初めは恥ずかしがっていますが，のってくると，俳優さながらに会話をする生徒も出てきます。

英語の学習ではよくインタビューゲームをしますが，「相手に興味をもっている場合」や「街角でアンケートされている場合」など，状況を設定して行えば，生徒の違った側面が見られて興味深いものになります。意識したいのはどんな会話もある状況下で行われており，そこでは人がもつあたりまえの感情で会話がされているはずだということです。人の思いや感情を汲みながら生きること，それはキャリアの一つの側面です。

◆即答力を養う学習

　speakingで大切なものは，相手の発言に対して即興的にどう答えていくかということだと思います。「話す」力の養成なら議論がいちばんですが，なかなかむずかしいので，このような実践をしました。

　休暇に写した写真を友人にスライドにして見せるという設定で，3人1組で役割分担をさせます。Cはスライドそのもので，いろいろなジェスチャーをしてAとBに見せるのが役割です。Bは見に来た友人で，ジェスチャーを見て，何をしているのかを質問し，Aはスライドに映っている本人となり，その状況を過去進行形などを使って説明しなくてはいけません。

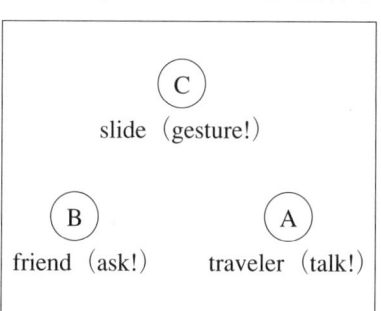

```
        Ⓒ
    slide （gesture!）

  Ⓑ              Ⓐ
friend（ask!）  traveler（talk!）
```

A：I just got back from (Okinawa).
B：Oh, did you? How was it?
A：It was great! I'll show you some pictures.
C：(Do gestures freely.)
B：What were you doing?
A：This?
B：This!
A：Well...let me see...maybe...
　　I was swimming in the sea.

　（　　）の部分はCが設定します。Cが勝手なジェスチャーをするので，Aが説明するのは大変です。Bの質問に対してもどのような説明で逃げ切るか，ということも大切ですが，あくまで目的は自分の言葉でつまりながらも即興的にどう話すか，という部分です。表現としてむずかしくなることもあるでしょうが，最後まで自分の言葉で表現させてください。

　また，生徒たちが悩むことを考えて，言葉に詰まったときに使う表現（well..., let me see..., let me think...）などを紹介しましょう。これらを覚えさせる絶好の機会でもあるのです。

第 3 章

道徳でできるキャリア教育

1 道徳を学習させる意義

◆一人一人が生き方を考えるための支援として

　道徳の目標は，新学習指導要領において，「各教科，総合的な学習の時間及び特別活動における道徳教育と密接な関連を図りながら，計画的，発展的な指導によって，これを補充，深化，統合し，道徳的価値及びそれに基づいた人間としての生き方についての自覚を深め，道徳的実践力を育成するものとする」となっています。端的に言うと，「生徒が自分らしく生きていくための支援活動」と言うこともできます。新学習指導要領においても道徳の重要性はますます高まってきたと述べられています。

◆家庭の変化

　道徳の重要性が高まっている理由は，まず家庭の変化です。本来ならば家庭は"心の居場所"としてそこにいると励まされ，元気が湧き，自尊心が高まり，その結果，ほかの人への思いやりの気持ちも高まってくる場所です。

　ところが，その家庭が子どもたちに不安を与える原因となることがあります。家庭の問題で最も深刻なのは児童虐待ですが，それ以外にも，夫婦の不仲や離婚，経済的な心配，勉強だけを強いる親，逆に我が子に関心をもたない親など，家庭が子どもたちに不安を与えている現状があります。

◆社会の変化

　次に，今日の子どもたちを取り巻く学校や社会の環境に目を向けると，いじめ，不登校，校内暴力，薬物依存，援助交際，学級崩壊，そして，いい子が突然「キレる」現象等々，解決するべき課題や問題が多数存在しています。このような状況に学校が取り込まれる中で，我々教師はどのように子どもたちとかかわればいいのでしょうか。

　以下，4つの視点から考察したいと思います。

2 道徳教育における4つの視点

1. 自尊感情，自己の確立……主として自分自身に関すること

　人が生きていくためには，自尊感情が重要であると言われます。ここでいう自尊感情とは，「何かができるから」であるとか，「人と比べて優れているから自分を尊重できる」というのではなく，「自分という存在自体を自分が認めている」という概念です。

　現代の子どもたちのさまざまな問題も，自尊感情の傷つきが原因となっているものが多いと言われています。したがって，自尊感情を高めていく取組みは，子どもたちに対する着実で有効な手段であると考えます。

　自尊感情を高めるためには，自己の存在も，他者の存在も，互いに認め，尊重し合うことが大切です。そのためには，周囲との人間関係や社会との関係の中で，それまで気づかなかった新しい意味を見いだせる体験が大切です。そしてそのことを通して，「自分が人生の主人公だ」という実感を得られることが必要であると考えます。

2. 人間関係調整能力……主としてほかの人とのかかわりに関すること

　意見の対立やぶつかり合いがあったときに，対立を調整し，問題を解決していく力をもつことも重要です。「生きる力」は，身につけた知識等をもとにしつつ，柔軟な発想と考え方をもち，困難な状況でも仲間と協力して乗り越えていく重要な力であると考えます。

　携帯電話の普及は連絡などが便利になる反面，相手の目を見て話すコミュニケーション不足を引き起こします。自分の気持ちを直接伝える機会が減り，適切に自分の思いを伝えることが苦手になったり，相手の気持ちがわからないという，人間関係づくりの能力が低下している状況もあります。

3. 命の大切さ……主として自然や崇高なものとのかかわりについて

　近年，無差別に人を殺傷する事件等も発生し，いじめが原因となった中学生の自殺も問題になっています。原因は複合的なものですが，1つには，生命の大切さを感じる体験等が不足していることがあげられます。ゲームでは1度死んだキャラクターも簡単にリセットで復活でき，命の軽視につながっているとの指摘もあります。命を大切にする取組みや，自然や崇高なものとかかわる取組みは重要です。

4. 社会と私とのかかわりを考える……主として集団や社会とのかかわりに関すること

　最近の規範意識の低下は深刻な状況です。社会全体や他人のことを考えず，専ら個人の利害損得を優先する一部の風潮，何でも他者へ責任転嫁するなど，責任感が欠如している人たちの存在など，こうした風潮は社会全体の規範意識を低下させ，それが生徒の豊かな心の成長にも悪影響を及ぼしています。

　ゆえに，法やルールを守る遵法精神を養う取組みも，学校の重要な役割です。さらに今日の世界的な問題に対しても広い視野で問題点を意識し，それに向けて取り組もうとする姿勢が必要です。これらは，いまに生きる私たちだけの問題ではなく，地球規模におよぶ空間的広がりと将来の世代にわたる時間的広がりをもっています。

　その解決のためには，問題の本質や解決の方法について自ら考える能力を身につけると同時に，自ら進んでさまざまな問題に取り組んでいこうとする態度を育てていくことが重要になります。知識を身につけているだけでなく，外国や相手の立場を尊重しながら，日本や自分たちの意見を述べ，一致点や妥協点を探りながら，問題や課題を解決していく能力が必要不可欠であると思います。

このように，自己理解や人間関係，他者や異文化の尊重の大切さがわかり，それを維持，発展させようとする感性や価値観，能力を育むことは，学校教育の最も重要な課題の１つであると考えます。個性を尊重する社会では，多様な価値観をもった者同士が過ごしています。ゆえに，意見の対立，葛藤やぶつかり合いが起こってくるのは自然なことです。

　しかし，ときには攻撃的に自己を主張する子どもたちがいる反面，「友達に嫌われたくない」と思い，「他人より抜き出て目立たないように」「こんなことを言っては嫌われる」と考えている者も多いのです。友達と「違うこと」を怖れ，「一体化すること」にばかり神経を使っている状況がしばしば見られます。

　人と人との関係は，意見を出し合い，ときには対立したりぶつかり合いながら学んでいくことが多いのです。だから安心して自分を出せる環境，「安全な場の保障」をすることと，葛藤を乗り越える体験をさせることは必要なものであると考えます。前述したように，道徳教育の目的は，端的に言えば，「生徒一人一人が自分らしく生きていくための支援活動」です。

　以上，前述した１から４について，中央教育審議会答申，新学習指導要領等も踏まえながら，本校における道徳教育の実践について考えました。

3　カリキュラムの構築にあたって

POINT❶　道徳教育推進教師を中心とした指導体制の充実

　現行学習指導要領への追加事項として，新学習指導要領では，「各学校においては，校長の方針の下に，道徳教育の推進を主に担当する教師（以下道徳教育推進教師）を中心に，全教師が協力して道徳教育を展開するため，次に示すところにより，道徳教育の全体計画と道徳の時間の年間指導

計画を作成するものとする」とされました。

　道徳教育推進教師は，道徳主任とは別の，いわば道徳教育コーディネイターで，場合によっては複数の人数も可能です。校長や教頭などの参加や，ほかの教師と協力して指導を工夫するなど，道徳教育推進教師を中心とした指導体制の充実（例えばT・Tでの指導など）が求められています。

POINT❷　発達段階や特性（思春期）等を考慮した創意工夫のある指導

　新学習指導要領では，今日の問題状況や生徒の実態等に即した指導がより一層充実して展開できるよう，「生徒の発達の段階や特性等を踏まえ，指導内容の重点化を図ること」と示しています。指導内容の重点化にかかわっては，とくに「自他の生命を尊重」することや，「法やきまりの意義の理解を深め，主体的に社会の形成に参画」することを新たに配慮すべきこととして示しています。

　また，思春期にある生徒の発達の段階を考慮し，「悩みや葛藤等の思春期の心の揺れ」，現行学習指導要領ではあまり強調されていなかった「人間葛藤関係の理解」等の課題を積極的に取り上げることが追加されています。「道徳的価値に基づいた」人間としての生き方について考えを深めることを，改めて配慮すべきこととして示しました。

POINT❸　生徒が感動を覚えるような魅力的な教材の開発や活用（伝記，自然，伝統と文化，スポーツなど）

　このPointも新学習指導要領で強調されています。先人の伝記，自然，伝統と文化，スポーツなどを題材として，生徒が感動を覚えるような教材の発掘に努めることが求められています。

　先人の伝記には，多様な生き方が織り込まれ，生きる勇気や知恵を感じることができるとともに，人間としての弱さを吐露する姿などにも接し，生きることの魅力や意味について考えを深めることができます。

また，自然を題材としたものは，自然の偉大さや生命の尊さなど感性に訴えるものが多く，伝統と文化を題材としたものには，その有形無形の美しさに郷土や国への誇り，愛情を感じさせるものが多いと考えます。

　スポーツを題材としたものでは，いま実際に活躍するアスリートなどのチャレンジ精神や力強い生き方，苦悩などに触れ，道徳的価値およびそれに基づいた人間としての生き方についての自覚を深めることができると考えます。

POINT❹ 自己を言語や言論等で表現する機会を充実させ，自分と違う他者の意見を聞くなかで，他者との違いを尊重しつつ，自分の考えを深め，成長を実感できるようなカリキュラムの構築を図る

　このPointも現行学習指導要領にはありません。新学習指導要領で力を入れているPISA型学力育成をめざし，思考力，判断力，表現力を重視した面が道徳にも現れています。

◆道徳の時間において言葉の能力を高める

　国語科では言葉にかかわる基本的な能力が培われますが，道徳の時間はこの力を基本に，体験などから感じたこと，考えたことをまとめ，発表し合ったりします。また討論や討議などによって意見の異なる人の考えに接し，協同的に議論したり，意見をまとめたりします。

　例えば，資料の内容や登場人物の気持ちや行為の動機などを考えます。友達の考えを聞いたり，自分の考えを伝えたり，話し合ったり，書いたりします。さらに学校内外でのさまざまな体験を通して感じ，考えたことを，道徳の時間に言葉を用いて生かし合ったりします。これらの中で，言葉の能力が生かされ，一層高められていきます。

　道徳の時間においては，このような言葉の能力を総動員させて学習に取り組ませることが，ねらいを達成するうえできわめて重要であると考えられています。

◆**自分の考えを基に表現する機会を充実させる**

　生徒は書く活動を通して，自分自身のものの見方，考え方，感じ方などを確かめたり，まとめたり，記録に留めたりすることができます。それを基にいままでの自分のものの見方，考え方，感じ方などを振り返ることもできます。

　また，例えばロールレタリングなどによって他者のものの見方，考え方，感じ方を推し量ることもできます。さらに他者と討論することなどを通して，自分の意見とほかの生徒の意見を突き合わせて，どこが同じでどこが違うのかなどを確かめることができます。

　つまり，道徳の時間における，書いたり討論するなどの表現の機会は，生徒が自分自身の感じ方や考え方を言語化することによって，自ら考えたり見直したりしていることを明確にすることにつながるのです。

　このように生徒が自分自身のものの見方，考え方，感じ方を明らかにすることは，自分の意見がどのようなことを根拠にしているのか，どんな理由によるものなのか，その拠り所を明らかにする過程です。また「なぜ」「どうして」とさらに深く，自己や他者と対話することで，自分自身を振り返り，自らの価値観を見つめ，見直すことにもなります。

　すなわち，道徳の時間のねらいである道徳的価値およびそれに基づいた人間としての自覚の深まりを促すことになります。「書いたり討論したりするなど表現する機会」を適切に設け，ねらいの根底にある道徳的価値を自覚する手立ての1つとして，生かしていくことが求められます。ただし「書いたり討論したりするなど表現する機会の充実」が，「書いたり」「討論したり」という手立て，方法などの活動だけを意図しているのではないことに留意しなければなりません。

POINT❺　情報モラルに関するカリキュラムの導入

　情報モラルとは，情報社会で適正な活動を行うための基になる考え方と

態度ととらえることができます。その内容としては，個人情報の保護，人権侵害，著作権等に対する対応，危険回避などネットワーク上のルールやマナーなどが一般に指摘されています。道徳の時間においては，第2に示す道徳の内容との関連を踏まえて，例えば，情報モラルに関する題材を生かしたり，情報機器のある環境を生かすなどして指導に留意することが求められます。

　道徳の内容との関連を考えるなら，例えば，ネット上の書き込みのすれ違いなど，他者への思いやりや礼儀の問題および友人関係の問題，情報を生かすときの法やきまりの遵守に伴う問題など，多岐にわたっています。とくに，インターネットを使用する際に，自分のことを明らかにしなくとも情報のやりとりができるという匿名性があるため，使い方によっては相手を傷つけるなど，人間関係に負の影響を及ぼすこともあります。各学校においては，生徒や地域の実態等を踏まえ，指導に際して配慮すべき内容について検討していくことが重要です。

4　実践例

いじめ防止プログラムの実践例

　いじめ問題は依然として深刻な問題で，的確な指導が必要です。各学校ではさまざまな取組みが行われていますが，問題の重要性，緊急性に比べて，いまのところ確立した体系的なプログラムは存在しないのが現状です。また，継続した実践例も乏しく，その取組み時期，プログラム内容等もまちまちです。

　しかし，いじめに関する指導は必要不可欠なものです。継続した実践を行ういじめ防止プログラムを作成し，入学して間もない1年生に対して継続的に実施する必要があると思います。

以下は，１年生時でのいじめ防止プログラムに関する計画です。実践例は，プログラムのうちのアサーションに関する実践を掲載しました。

〔いじめ防止プログラム計画案の概要〕

回	時数	単　元	内　容
1	1	これっていじめ？	いじめの行為といじめでない行為の違いを具体的な場面を通して理解させる。
2	1	いじめ行為を知る	「いじめって何？」のアンケートに答え，その解答をしていくことにより，いじめ行為の理解を深めさせる。
3	1	いじめ定義を作ろう！	いじめの定義を作ることによって，いじめ行為の理解を深めさせる。
4	1	いじめる人の心理の理解	「妬みから起こるいじめ」についての話を読み，いじめる人の心理に対する理解を深めさせる。
5	1	いじめにあったらどうすればいい？	「いじめにあったら，どうすればいい」を読み，自分ができそうないじめへの対応を考えさせる。
6	1	いじめへの対応を考える	「仕返しをするよりいい方法の１〜20」と「友達の作り方・保ち方12のヒント」を読み，自分が試してみたい項目を選び，その理由を書かせる。
7	1	３つの自己表現	攻撃的，受身的，アサーティブな自己表現（自他を尊重した自己表現）の種類を理解させる。
8	1	３つの自己表現とアサーション権（自己表現	３つの自己表現の理解をめざす。自己表現における基本的な権利（アサ

		における基本的な権利)	ーション権）の理解をめざさせる。
9	2	DESCを作ろう！	アサーティブな自己表現（自他を尊重した自己表現）の具体的な方法である，DESC法（客，主，提，選）の作り方のコツを理解させる。
10	1	ABC理論	考え方を変えることによって，感情は変わることを体験的に理解させる。
11	2	DESCを使っていじめ防止を考える。	いじめ行為の場面に出会ったとき，DESCを使って適切な対応を考えさせる。

実践1──3つの自己表現

Point：他者の意見を聞く中で，違いを尊重しつつ，自分の考えを深め，成長を実感できるようなカリキュラムの構築を図る実践例

ねらい：「攻撃的な自己表現」，「受身的な自己表現」，「アサーティブな自己表現」の3つの自己表現の理解をさせる。

方法：ワークシートを用いて，3つの自己表現の違いを知り，攻撃的や受身的な自己表現よりもアサーティブな自己表現が相手に自分の気持ちが伝わりやすいことを共通理解する。

> 場面：パン売り場でパンを買うために並んでいました。すると男の子が自分の前に割り込んできました。そこでは，3つの自己表現が考えられます。以下，Aさん，Bさん，Cさんの対応を考えてみましょう。

〔Aさんの対応〕
Aさん「こら，先にならんどるんじゃ，順番ぬかしするな！」
相手役「そんなにえらそうに言わなくてもええやんか！　後ろに並ぶわ！」
〔Bさんの対応〕
Bさん「ちょっと，君，僕（私）の方が先に並んでいたんだよ。みんなが並んでいるのに気づかなかったかもしれないけれど，後ろに行って，並んでね」
相手役「あっ，気づかなかったよ。ごめん，並ぶよ」
〔Cさんの対応〕
Cさん「（小さい声で）あっ……」（心の中で，僕の方が先なんだけれど……と思い，内心不満をもっている）
相手役「何か？」
Cさん「いいえ，何もありません」
相手役「あっ，そう」（といって，先に並ばれてしまう）

　上のAさん，Bさん，Cさんの対応を教師が行い，生徒から自発的に相手役を募り，実施しました。その後，以下の質問をして理解を深めました。

質問：Aさん，Bさん，Cさんの3人の話し方を見て，
① 自分が言われたら，いちばん気持ちがいいのはどの人ですか。
② いちばんいやな気持ちになったのはどの人ですか。
③ （相手役の生徒に）Aさん，Bさん，Cさんから言われた自己表現に対する感想を言ってください。
④ 下の言葉は，Aさん，Bさん，Cさんのどの人の話し方にあてはまりますか。Aさん，Bさん，Cさんのそれぞれに当てはまる記号

を記入しましょう。

ア．相手の気持ちを大切にする　　イ．はっきりしない　　ウ．わがまま　　エ．さわやか　　オ．いじけている　　カ．はきはきしている　　キ．自分の気持ちを大切にする　　ク．自分も相手も大切にしている　　ケ．ひかえめでおとなしい　　コ．いじわる

⑤　Aさん，Bさん，Cさんに，それぞれ名前を考えましょう（ただし，実在の人物名やだれかを傷つけるような名前はつけないことを約束として指導者側から話しておく）。

〈3つの自己表現の指導留意点について〉

Aさん……攻撃的な自己表現

Bさん……アサーティブな自己表現（自他を尊重した自己表現）

Cさん……受身的な自己表現

・Aさん，Bさん，Cさんの言い方で，もしも自分が言われた場合は，だれの言い方が最も素直に言うことを受け入れられそうかを考え，発表させます（方法は挙手による）。

・Aさん，Bさん，Cさんの自己表現のイメージをつかませるために，それぞれに名前（キャラクターなどがいい）を考えさせます（例：Aさんはジャイアンのようだ）。ただし，級友や周囲の人の実名は，他人を傷つける可能性があるので，使わないと約束させておきます。

・Aさん，Bさん，Cさんの自己表現の中ではBさんの話し方がいちばん受け入れやすいことを共通理解させます。

〈生徒の感想〉

・私は多分，順番を抜かされたりしたら，少し攻撃的になってしまうと思うので，Bさんのように言えるように心がけていきたいです。同じ状況でも，少し言葉を変えるだけで，すごく結末が変わるんだ

なぁと思いました。Bさんを見習っていきたいです。
・自分の自己表現のタイプなどはあまり考えたことがなかったけど，今回の授業で少しわかったのでよかったです。また，私はアサーティブなときもあれば，受身的なときもあるということがわかりました。

実践2——ABC理論を知って，考え方をアサーティブに変えよう！

感情はコントロールできる

人はよく，「○○のような事実があったから，○○の感情が起こった」と言うことがあります。だから，「感情はコントロールできない」という人がいます。しかし，ほんとうにそうでしょうか。次頁の例の2人のように，共に「好きな人に振られた」深刻男さんと楽天子さんの違いは，どこにあるのでしょうか。

アルバート・エリスは，深刻男さんと楽天子さんの違いは，事実と感情や結果の間にある「考え方」にあると述べています。同じような出来事でも，それを受け止める考え方が違うと，感情や結果も違ってくるのです。

A（事実）→B（感情）→C（結果）
A（Activating events） B（Beliefs） C（Consequences）

〈ABC理論の進め方〉

・深刻男さんと楽天子さんの事例文を読んで，考え方が非合理的，合理的であることによって，感情が変わることを理解させます。
・実際に，非合理的な考え方を合理的な考えに変えて，感情を前向きにする練習を行います。

深刻男さんの場合

　深刻男さんは，同じ中学3年生のA子さんに思い切って告白しましたが，「私は，ほかに好きな人がいるの。だから，あなたとはつき合う気持ちはないわ」と振られてしまいました。(事実)
　それで，深刻男さんは，たいへん傷つき，「もう，ダメだ，俺なんか……」「何もやる気がなくなった……」(感情)と落ち込んでしまい，学校も休んでしまいました。(結果)

楽天子さんの場合

　楽天子さんは，同じ中学校のB男さんに思い切って告白しましたが，「俺は好きな子がいるんや。つき合う気持ちはないよ」と振られてしまいました。(事実)
　しかし，楽天子さんは，1日は泣きはらしましたが，親友のC子さんに話を聴いてもらい，気持ちもかなり晴れ，学校は休むことなく登校し「前向きになるわ」(感情)「とりあえず，高校受験にがんばるわ」と話し，高校受験も志望校に合格しました。(結果)

実践例3──DESC（客，主，提，選）：アサーションの話し方のコツを知ろう！

Point：他者の意見を聞く中で，違いを尊重しつつ，自分の考えを深め，成長を実感できるようなカリキュラムの構築を図る

　DESCとは，アサーティブな表現のスキルです。DESCをつくるコツを学び，自他を尊重した自己表現の具体的な方法を学び，実生活に役立てられることをめざしました。

〔だめな例〕

T男「おまえ，図書当番の仕事，さぼったな！」
相手「えらそうに言うな！　さぼったんじゃない！」
T男「なんだと〜うそつくな〜ぼけ！」
相手「うるさい！　むかつくやつや，しばいたろか！」

> T男「おまえなんかに負けるか！ やるんか～」
> 相手「よ～し，やってやろうじゃあないか！」

……と，つかみ合いのけんかになってしまい，どちらも先生に叱られ，その日以来，2人は気まずい関係になってしまいました。

〔よい例〕

> D（事実）「君は昨日，図書当番に来なかったね」
> 相手「ああ，ほんとうだ」
> E（気持ち，状況）「僕1人で当番の仕事したから，時間かかってたいへんだったよ」
> S（提案）「今日は，来るよね」
> C（選択）相手がYESの場合→「ありがとう，これですっきりとしたよ」
>   NOの場合→「そうかあ，じゃあ，今日も僕が1人でするから，明日は頼むよ」
> 相手「うん，明日は行くよ」

お互い気持ちよく解決でき，以降の人間関係も良好です。

・最初に，上の2つの例を見て，言い方によって，穏やかに解決できたり，けんかになったりしてしまうことを理解させます。
・次に，よい話し方にはコツがあることを理解させます。

◆DESCづくりのポイント1：「事実と気持ちや状況を分ける」

　事実（D：describe）と気持ち（E：express,explain,empathize）を分けています。問題がややこしい場合，最初にすることは，お互いの共通理解できる事実を一致させることです。「さぼったな！」という言い方は言った人の主観が混じっているのです。

　例えば，相手は当番の時間に先生に呼ばれていたのかもしれないし，後

片づけなどで，結果として当番の時間に遅れたのかもしれません。相手のおかれていた状況をいろいろ想像して，相手の立場を尊重し，「当番に来なかったね」という事実だけを問いかけてみることが，問題をこじれさせないコツです。

「図書当番に来なかったね」と言うだけでも，「ああ，悪かったなぁ。ごめん，後片づけに時間がかかって……，今日は必ず行くから」という方向につながる可能性もあります。「さぼったな！」と決めつけられると，人間は反発したくなるものです。アサーションの話し方では，まず，事実（D）と気持ちや状況（E）を分けることがポイントです。

◆DESCづくりのポイント2：「相手に実現の可能性が高い提案をする」

事実を共通理解し，気持ちや状況を述べてから，次に相手にとって，実現の可能性がありそうな提案（S：specify）を1つか2つ程度してみます。当番の場合なら，「明日は当番に来てな」とか「今日は僕がごみ捨てに行ったから，明日は君がごみ捨てに行ってくれないかな」などが考えられます。

◆DESCづくりのポイント3：Cで「相手がYESの場合とNOの場合の両方への対応を考えておく」

自分が相手に対して行った提案（S）に対して，相手が了解（YES）する場合と，反対したり拒否する場合（NO）の両方が想定されます。だから，自分が相手に対して行った提案（S）に相手がYESの場合，NOの場合，両方に対応する提案（S）やもう1度気持ちや状況を述べる（E）をあらかじめ考えておくことがポイントです。

例えば，図書当番の例では，自分が行った「今日は図書当番の仕事に来てほしい」という提案（S）を相手が拒否した場合，もう一度「それじゃあ，遅れてもいいから来てな」という再提案（S'）をしてみたり，「君が来ないと時間がかかって困るんだよ」という状況や気持ち（E'）を述べて，相手との一致点や妥協点を見いだしていこうとする姿勢が重要です。

このように，DESCは相手を尊重しつつ，一致点や妥協点を探ろうとする自己表現方法です。

〈生徒の感想〉

> ・自分の気持ちを相手に伝えるために「こんな方法があったんだ」と思った。「伝える」ってこんなに大事なんだなぁ。
> ・イライラしているときは，つい攻撃的な発言をしてしまいがちだけれど，今日の授業で相手側の気持ちもよくわかり，気をつけないといけないと思った。少しむずかしいけれど，DESCのつくり方をしっかり理解して簡単につくれるようにして，最終的には実用に使えるようにしたい。

終わりに──道徳的実践力向上に有効なアサーション・トレーニング

　道徳は，道徳の時間を要として，学校教育活動全体を通じて，道徳的心情，判断力，実践意欲と態度などの道徳性を養うこととされています。本実践「いじめ防止プログラム」で道徳的心情が高まり，生徒はいじめ行為に適切な対応がしたいという判断力がついたと思います。

　生徒たちは，
「じゃあ，具体的にいじめに対してどのような態度や姿勢で臨めばいいのか」
「いじめを見て，知った場合，自分は何ができるのだろうか」
と考える者が増え，実践意欲が高まりました。そのような生徒たちに対して，実際のいじめ場面で自分たちができそうなことを考え，実行できる，つまり道徳的実践力の育成をめざして提供したのがアサーション・トレーニングという方法（スキル）です。

　いまの道徳に足りない面としてよく言われていることは，
「具体性に欠ける」

「観念的に終わっている」
「道徳的実践力の向上にまでいたっていない」
等々の批判がありますが，その原因として，「人を大切にするとは具体的にどういう方法ですればよいのか」という体験活動の不足があげられます。

　例えば，「思いやりの心を育てる」といっても，学校での取組みは，具体的な方法を提示してこなかったのではないでしょうか。「人を大切にする」とは，具体的にどういう言動を取り，どのような行動をすればよいのかということは，これまであまり示されてこなかったのではないかと考えます。

　アサーション・トレーニングなどの自己表現スキルを使いこなせるように練習し，自他を尊重した自己表現を続けます。他者の意見をよく聴き，それを尊重した自己表現活動を続けていく中にこそ，
「相手を大切にするとはこんなことなのか」
「違いを尊重するとはどういうことか」
「集団の中で自分の思いを受け入れられたと感じると，譲ることが容易になってくる」
という体験を積むことができます。そして，それを実現できた自分の自己肯定感が向上し，「自分ってけっこういい奴じゃないか」という自尊心にもつながっていくと考えます。

　もちろんアサーション・トレーニングのスキルを学ぶことだけが目的ではありません。しかしスキルを使えるようになることによって思考力，判断力，表現力，また自尊心の向上に貢献し，道徳のめざす「人間としての生き方を自覚し，道徳的実践力の向上」に貢献していくと考えます。そして，それがキャリア教育がめざす，自分の人生をより良く生きていこうとする力につながるものだと確信しています。

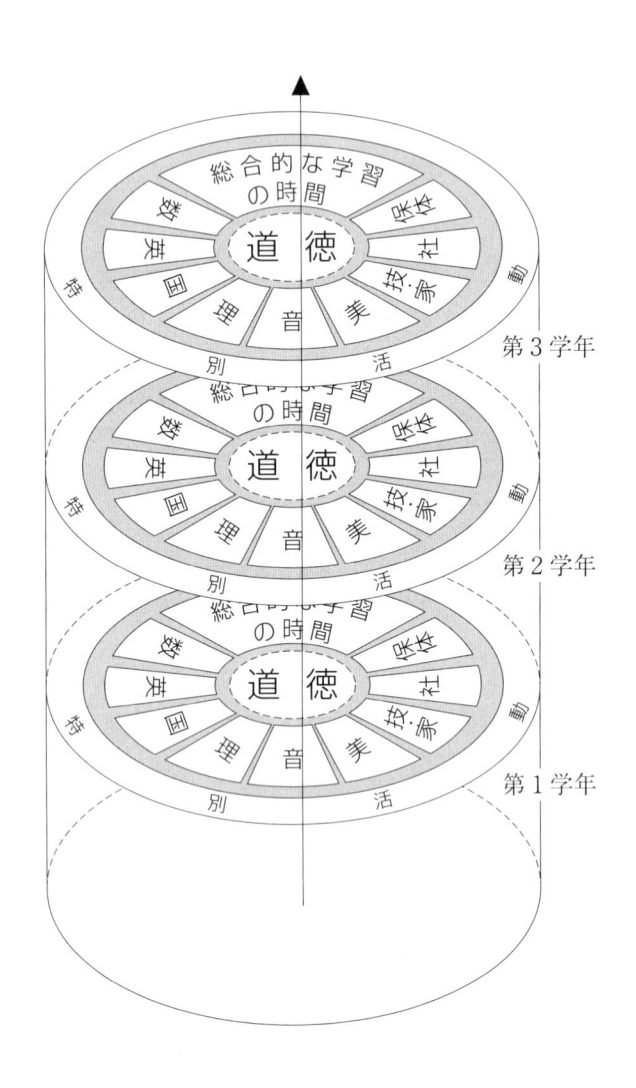

第 3 章　道徳でできるキャリア教育

キャリア発達支援カリキュラム構造図

第 4 章
総合的な学習の時間でできるキャリア教育

1 総合的な学習の時間の意義

　現行の学習指導要領では，総則の中に「取り扱い」として示されていた総合的な学習の時間が，新学習指導要領では別章として起こされ，そこに，目標等が示されました。

　その目標は，「横断的・総合的な学習や探究的な学習を通して，自ら課題を見付け，自ら学び，自ら考え，主体的に判断し，よりよく問題を解決する資質や能力を育成するとともに，学び方やものの考え方を身に付け，問題の解決や探究活動に主体的，創造的，協同的に取り組む態度を育て，自己の生き方を考えることができるようにする」というものです。

　各学校はこの目標を踏まえ，各学校における総合的な学習の時間の目標と内容を定めるとされたわけです。そもそも「総合的な学習の時間」が設定された趣旨は，「生きる力」の育成をめざし，各学校が創意工夫を生かして，これまでの教科の枠を超えた学習ができるようにということですから，これは当然のことといえるでしょう。

　総合的な学習の時間は，平成14年度に完全実施となり，以来，各学校は，地域や学校，生徒の実態等に応じてさまざまな教育活動を行ってきました。しかし中には，この学習の主旨が不明確であったことから，いまだにカリキュラムとして位置づいていない，うまく機能していない，学習の成果が見られないといった学校があるようです。

　こういった学校においては，新学習指導要領下においても，同じ轍を踏まないよう，総合的な学習の時間というものの意義は何なのか，ということを学校全体で共通認識し，そのうえで，各学校における目標と内容を定め，カリキュラムを構築する必要があるでしょう。

　そもそも子どもは，学校教育の中で獲得したさまざまな学びというものを，どのようにとらえているのでしょうか。いまの生活にすぐに生きると

いう者もいれば，いつか役に立つという者もいるでしょう。しかし中には，受験のためと考えていたり，何の役にも立たないという者もいるのではないでしょうか。

　言うまでもなく，学びというものは，子ども一人一人の今と，そして将来のよりよい生き方につながるものでなければなりません。ところが，こうしたことを子どもたちが実感できる場は，学校の中には意外に少ないものです。

　学びというものは，それが単体で生きるということはほとんどないでしょう。人は，さまざまな学びを絡ませ，それらを場面に応じて使いこなしているはずです。したがって，学校は，単体の学びを複合的な学びに結びつけるような学習の場を設定すべきなのです。

　このように考えると，総合的な学習の時間というものが学習指導要領に規定されているのは必然的なことであり，子どもたちが，日々獲得している学びというものが，よりよい生き方につながる，つながっているという実感をもつことができる，絶好の場であるといえるでしょう。

　各学校が，総合的な学習の時間の目標と内容を定める際，子どもたちがどのような学びを獲得しているかということを認識していることが重要です。もちろん，すべての学びを掌握することはできませんが，少なくとも，教師は，どの学習によって，子どもたちにどのような力を身につけさせてきたのかということを整理し，共有しておく必要があります。そのためにも，他教科のねらいや学習内容等を共通認識できるようなシステムを作ることが大切です。

2　カリキュラムの構築にあたって

　生徒がどのような学びを獲得しているか，どのような力を身につけているかを整理するには，各教科の評価規準表などをもとに，一覧表で整理す

単元名	情操	生命	協力	平和	文化	…	自然	人権
国語・言葉とつきあう	◎		◎		○	…		
国語・平和を守る	○	◎	○	◎		…		
…								
理科・植物の生活と種類	○	◎			○	…	◎	
理科・大地の変化		◎			○	…	○	○
…								
音楽・さわやかに歌おう	◎		◎		○	…		
音楽・アジアの音楽	◎			○	◎	…	○	○

るといいでしょう。こうした一覧表はあまり複雑にならないようなものにし，一目でわかるようなものが望ましいと思います。

　このように整理すると，各教科の特性やめざしているものとともに，その教科で扱うべきことが見えてきます。これによって，さまざまな学習を見直すことができますが，こうした学びや力を絡めることによって，総合的な学習の時間における単元を生み出すこともできます。

　とかく，総合的な学習の時間は，教員の仕事量のバランスで単元を考えたり，T.T.の形をとることで目的を果たしたと考える学校も少なくないようです。学校運営上，致し方ない面もあるでしょうが，学習の主体者である子どもの立場から考えれば，子どもが獲得している学びや身につけている力やめざす子ども像から，内容を考えるべきであると思います。

　子どもが獲得している学びや身につけている力を土台として考えられた総合的な学習の時間における学習は，子どもたちが自身のよりよい生き方につなげやすいものになるでしょう。キャリア教育は，学校教育全体を通して取り組むものであり，決して1つの教科や学習で行うものではありません。さまざまな学びや力を絡めることができるような総合的な学習の時間を設定することができれば，子どもたちは，キャリアというものを実感

することができることでしょう。

3 実践例

1. 選択総合学習

(1) 選択総合学習とは

　選択総合学習は，教科学習や道徳・特別活動・学校行事などの学習で身につけた力を総合的に活用し，自己の興味・関心や必要感に基づいた課題追求と問題解決をめざす，生徒一人一人を主体とした「個人探求型※」の総合的な学習です。

　生徒は「課題の決定」，「課題達成のための計画と実践」，「学習成果の発表」という一連の学習活動を，教科や学年といった枠にとらわれることなく，個々の学習スタイルに基づいて自主的に行います。そして，およそ30時間の探求活動の後，学習の締めくくりとして，全員が学会発表のような形で学習成果を発表します。

　この学習では，生徒は探求課題を自分で設定します。そして，その課題を自分で追求します。課題は，複数の教科にまたがったり，教科外の内容を含んだりしていてもかまいません。また，1人で課題を追求することはもちろん，同じ目的をもった者同士が協同することも可能です。そのような自由度の高い学習形態の中で，互いに得意なことを生かして協力したり，上級生と下級生が刺激を与え合ったりといった，コミュニケーションの場面も生まれます。この学習によって，生徒は自分が興味をもっていることがらについての中学生なりの専門性とともに，課題を発見する力，計画力，実行力，表現力，コミュニケーション力など，多様な力を実践的に高めます。選択総合学習は，総合的な学習の本質を押さえた学習です。

　選択総合学習は，長年にわたり，改良を加えながら実践されてきた学習

です。その実績から，この学習による経験が生徒一人一人のよりよい生き方につながり，生徒が大きく成長することがわかっています。ここでは，総合的な学習の時間の実践例として，選択総合学習の概略と，個人探求型の総合的な学習で成果をあげるためのノウハウを紹介します。

※「探求」は「あるものを得ようとして探し求めること」。それに対し「探究」は「物事の意義・本質などをさぐって見極めようとすること」（出典：『大辞泉』小学館）

(2) 選択総合学習の1年間
○課題（講座）の決定（3月～5月）

選択総合学習は，「個人探求型」の総合的な学習です。いちばん大きな特徴は，生徒一人一人が自らの興味に基づいて探求課題を設定することです。当然ながら，すべての生徒が同じ内容を学ぶことにはなりません。

生徒が探求する課題（講座）には，例えば次のようなものがあります。

〈選択総合学習の開設講座例〉

	講座名
国語的講座	小説家になろう／方言をマスターしよう／ラジオドラマを作ろう　など
社会的講座	戦争・紛争について調べよう／宗教や神話について調べよう／三国志について調べよう／世界遺産について調べよう／地球の住民として考えよう　など
数学的講座	数学者になろう／確率を調べよう　など
理科的講座	宇宙の神秘を探ろう／お天気博士になろう／鉱物について研究しよう／絶滅生物について調べよう／遺伝について研究しよう／手作り石けんを作ろう／シャボン玉博士になろう／線香花火職人になろう／ミニ気球を飛ばそう／手作りカメラで写真を撮ろう／スポーツを力学しよう　など
音楽的講座	ミュージシャンになろう／手作り楽器で演奏しよう／民族楽器について調べよう　など

美術的講座	いろいろな絵を描こう／絵本を作ろう／マンガを描こう／粘土細工を極めよう／いろいろな映像を作ろう　など
保健体育的講座	好きなスポーツについて調べよう／ダンスを踊ろう／医学について学ぼう／ドラッグについて調べよう　など
技術的講座	ロボットコンテストをしよう／ピタゴラスイッチを作ろう／木材でものを作ろう／建築デザイナーになろう／ホームページを作ろう／プログラミングをしよう　など
家庭科的講座	お菓子作りの名人になろう／いろいろなパン作りに挑戦／ファッションデザイナーになろう／ハンドメイドで小物を作ろう　など
外国語的講座	翻訳をしよう／世界の言葉に挑戦／英語で場面を表現しよう　など
その他の講座	手話を極めよう／理想の学校をペーパークラフトで作ろう／カメラマンになろう／**CM,PV**を作ろう／コマ撮りアニメを作ろう／子どもニュースを作ろう／癒しを研究しよう／心理学を学ぼう／ドラマを作ろう／手品師になろう　など

　これらの課題（講座）は，以下のように，生徒のアンケートをもとに決めます。

　まず，選択総合学習実行委員（3年生10名程度で編成）が生徒にアンケートを実施し，開設講座の原案を作成します。その原案を基に，教師が職員会議で開設講座を決定し，講座を開設するにあたっての制限事項などを検討します。開設講座が決まると，実行委員はガイダンスを行い，開設が決まった講座を全校生徒に発表します。

　この段階で，ほとんどの生徒は活動する講座が決定しています。その後，活動場所の制約などで第1希望の講座に入れなかった生徒や，課題設定が不十分で第1希望の講座が開かれなかった生徒について調整をし，全生徒の講座が決まります。

　ちなみに平成19年度は，生徒数358人に対し，開設が認められたのは116講座，実際に開設されたのは89講座でした。生徒が開くこれらの講座の中

には，生徒自身が教科学習やほかの学習で学んだことをもっと探求したいと考えて開設した講座が，いくつも含まれます。

○前半の活動（6月〜7月）

　選択総合学習の活動は，週に1回の2時間続きで行います。放課後などの時間に活動することは，特別な場合を除いて認めていません。生徒は，選択総合学習ノートと自分の活動に必要な材料などを持って，自分の活動教室に行きます。

　選択総合学習ノートは，学習の目的や約束，日程など，学習に必要な情報を掲載するとともに，活動日ごとに計画，振り返り（自己評価），メモを記入するワークシートが用意された，学校独自に用意した冊子です。最初の10分間は，活動教室で講座を担当する教師が出席をとって全体的な連絡を行うとともに，生徒がその日の活動の計画を考え，選択総合学習ノートに記入する時間です。

　最初の10分を過ぎてからは，教室の移動等が可能となります。図書室やコンピューター室で調べ学習を行ったり，製作をするために広いスペースが確保できる教室に（もちろん許可をとってから）移動したりしても良いことになっています。さらには，事前に予定していれば，校外に調査に出かけることも認めています。

　この間，各教室では，黙々と本を読んで調べたり，絵を描いたりしている生徒や，パソコンに向かって文書を作成している生徒，工具を使って製作をしている生徒，共同で活動を進めるために相談をしている生徒など，いろいろな生徒の姿が見られます。

　前半の活動では，教師は，課題を明確にすることができずになんとなく活動している生徒に声をかけ，前に進むためのきっかけとなる助言をするように心がけます。

　製作等に必要な材料や用具は「生徒が自分で用意する」ことを原則としています。担当教師は，手に入れられる材料，用具，使える予算など，個

別の事情も含めて課題設定をするように指導します。例外として，教室に設置してあるテレビやコンピューター室のパソコン，ミシンや調理用具，薬局などでは手に入らない実験に使う薬品などは，教師の許可を得て使っても良いことにしています。

活動の様子1

活動の最後の15分は，振り返りの時間です。生徒は自分の活動教室に戻り，選択総合学習ノートを開き，その日の活動を振り返って記入します。このとき，次回の活動ではどのようなことをするかも考えて書きます。選択総合学習ノートは，講座を担当する教師が毎回集め，コメントを書いて返却します。

夏休みに入る直前に，それまでの活動を振り返り，後半に向けた課題を明らかにするために，中間発表を行います。自分のやろうとしていること，課題達成の進捗状況，今後の課題などについて，1人5分程度のスピーチを行います。

○**後半の活動（9月～10月）**

夏休みが明けてからは，後半の活動に入ります。活動自体は前半と同じやり方ですが，後半は，生徒の意識も発表会に向かっていきます。教師も，この時期からは繰り返し「発表会の期日を意識し，見通しをもつように」と声かけをします。

発表会が近づいてくると，生徒は，調べ学習や製作が中心の活動から，作品を仕上げたり発表の資料を作成したりする活動へと移行していきます。教師は，発表時間として与えられる15分間（一部は10分間）を使い切る発表のシナリオを作るよう，指導します。

そして発表会直前になると，なんとか作品を仕上げようと必死になって奮闘している生徒，発表用原稿を作っている生徒，発表で使う機器の使い

方を確認している生徒，出来上がった発表原稿を読みながら時間を計っている生徒，実演の完成度を高めるために，細かな確認をしている生徒等々，みな時間を惜しむように活動します。

活動の様子2

○発表会（10月下旬・2日間）

10月の終わりごろ，選択総合学習発表会を実施します。発表会は，校内発表と公開発表（保護者や校外からの見学者が見に来る）の2日間の日程で行います。発表は，自分の活動に合わせて，1人もしくはグループで行います。

発表会の様子

発表会の形式は，学会のようなスタイルになっています。発表に使う教室は発表の総数によって若干増減しますが，だいたい10教室を使います。そして，朝9時から夕方4時ごろまで，タイムテーブルにしたがって進めていきます。生徒は，自分の発表の時間にはその教室に行き，発表をします。それ以外の時間は，タイムテーブルを見ながら，自分の興味がある発表を見に行きます。

このタイムテーブルは，発表に必要な場所・用具などを考慮し，選択総合学習実行委員が作成します。大変な労力と時間を必要としますが，この作業を通して，実行委員たちは「発表会を成功させるのは，自分たちだ」という，リーダーとしての自覚を高めていきます。

○反省会（11月中旬～下旬）

選択総合学習発表会が終わった後，実行委員はその年度の活動を実行委

員の立場で総括し,文章や映像にまとめます。また,生徒や教師の評価をもとに,優秀な活動や発表を行った生徒を表彰する準備をします。そして11月の中旬から下旬にかけて,反省会を実施します。

　この反省会では,実行委員が総括のプレゼンテーションを行った後,最優秀,優秀の賞を受けた生徒が,全校生の前で発表を行います。この反省会が,文字どおり,この年度の選択総合学習の最後となります。

(3)　**選択総合学習の考え方・やり方**
○選択総合学習の目的
　学習の目的を学習者である生徒に伝えることは,とても大切なことです。選択総合学習では,生徒に対して学習の目的を次のように示しています。

- 各教科の学習や他の学習,および小学校の学習などで学んだことを,一人一人の個性に合わせて,それぞれが調べたいことや表現したいことを追い求めていく中で生かしていく。
- 自分の特性やもっている力を見つめ,これから自分が何をどのように学んでいけばよいのかを見つけていく。
- 自分の力で計画を立て,自ら進んで活動し,成し遂げていく喜びを味わう。
- 学んだ成果をそれぞれ発表し,ほかの人に自分の考えを伝える。
- 活動を通して,ほかの人の役に立ったり,ほかの人の良いところを取り入れたりして互いに学び合う。また,自分の周りの物や文化の良さを見つける。

　この目的は,選択総合学習ノートの最初に記載しています。また,必ず最初のガイダンスで実行委員が説明をします。
　ところで,新しい学習指導要領では総合的な学習の時間の目標について,「自ら課題を見付け,自ら学び,自ら考え,主体的に判断し,よりよく問

題を解決する資質や能力を育成するとともに，学び方やものの考え方を身に付け，問題の解決や探究活動に主体的，創造的，協同的に取り組む態度を育て，自己の生き方を考えることができるようにする」と述べていますが，これは選択総合学習の目的とよく一致しています。選択総合学習は，新しい学習指導要領に対応した学習であると言えるでしょう。

ちなみに，選択総合学習は1971（昭和46）年より変遷を経ながら続けられ，1994（平成6）年にほぼ現在の形になった，伝統ある学習です。一方，中教審で総合的な学習の時間の設置が提言されたのは，1996（平成8）年のことです。

○年間計画（計画時数および時間割）

発表会やガイダンスを除いた，実際の探求活動の時間は，約30時間です。この時数は多いと感じられるかもしれませんが，課題が明確になるまでの試行錯誤も有意義な学習であると考えたとき，「自分で学ぶことを」学んでいる生徒にとって，決して多すぎる時数ではありません。この選択総合学習の活動日や発表会の日程は，4月の最初の職員会議で決めてしまいます。

○支援者としての教師の役割

生徒主体で行う学習の場合，教師1人が担当し，支援できる生徒数は，せいぜい20～25名までです。もし生徒の講座決定に際し教師の専門性を優先すれば，例えば理科の教師が2人であれば，理科的講座は計40名までというように，生徒の希望に対して人数制限を設けることになります。

しかしこれだと，「ほんとうに追求したいことを見つけ，取り組む」や「自主的に責任ある態度で活動する」という総合的な学習の時間の意義に矛盾します。そこで，選択総合学習では，「教師が専門外の内容の講座を支援することを受け入れる」という決断をし，支援・指導について次のように共通理解しています。

- 課題設定や活動計画が適切なものになるように支援する。
- 各生徒の活動の進捗状況をつかみ，見通しをもって活動できるように支援する。
- 生徒が探求しようとしていることについての内容的な指導はできるだけ控え，自分で考えたり調べたりさせる。

したがって支援者である教師は，自分の専門外の講座も担当します。

○課題設定をどこまで生徒に任せるか

これは，おそらく総合的な学習の時間を考えるうえでの，非常に重要な事項です。

選択総合学習の基本は「生徒が決める」です。しかし「何でもよい」としては，学校の学習として疑問が残るものとなりかねません。

例えば，次のような場合は探求課題として不適切です。これらに該当するような講座の開設希望に対しては，講座を決定する職員会議で「開設不可」としています。

- 危険な活動である（「火を操ろう」など）
- 非社会的な活動である（「爆弾を作ろう」など）
- 探求する内容が少ない（「好きな雑誌を調べよう」など）
- 課題が非現実的（「ゴジラは誕生するのか」など）

また，探求的な活動にするために，「条件つきで開設可」とする場合もあります。例えば「ミュージシャンになろう」には，「作詞や作曲をして，オリジナル作品を発表しなければならない」という条件をつけます。また「ロボットを作ろう」では，キットを購入して組み立てるのは不可で，「自分で設計し，部品をそろえて組み立てなければならない」ことにします。

こうした「開設不可」「条件つきで開設可」については，直接該当する生徒だけでなく，全校生にその理由を説明します。この手順を踏むことで，生徒に対して，この学習でどのような課題を設定すればいいのか，その基準を具体的に示すことにもなります。

○「這い回る」総合的な学習にさせないしかけ

　1つめは，自分のしたいことを自分で決めさせていることです。自分の興味が持続する，適性に合った課題を設定した生徒については，一生懸命取り組みますから，まず問題ありません。そうでない生徒も，だれかに「これをやれ」と言われたのではないため，自分で決めたからには何とかしなければと考えます。教師の仕事は，そういう生徒への支援です。

　2つめは，学習成果を人前で15分間発表しなければならないという，生徒にとって大変わかりやすい課題を与えていることです。活動を形にしなければ，発表できません。そして，自分の活動が直接評価されます。この課題は大変大きいですから，重圧に負けないように温かく支えてやることも教師の支援の1つです。

　3つめは，自らの経験を生かすことができる学習にしていることです。生徒はその年度の学習が終わったとき，課題の見つけ方，計画の立て方，時間の使い方，発表の仕方などを振り返り，反省します。そして，生徒の多くは，「来年はもっといい活動をしよう」「来年は同じ失敗をしないようにしよう」と思うのです。失敗しても，次の年にそれを生かして頑張ることができるので，学年が上がるにつれて，活動がしっかりしてくる傾向が，実際の生徒の姿から見て取れます。

○評価の仕方

　評価という言葉には，次の2つの意味を含みます。

> A. 支援・指導のための即時的な評価
> B. 評価材料をもとにした成績としての評価

Aを積み重ねた総合的評価としてBがあり，また次の支援・指導へとつなげていくわけですから，これらは本来明確に区別するべきものではありません。しかし議論の中でこの2つが混同し，論点がぼやけてしまうことが起こりがちなので，ここでは2つを区別することにします。

　Aは，活動時間中の生徒との対話や，選択総合学習ノートへのコメントの記入によって，おもに学習の取組み方について，良いところをほめたり，改善点を伝えたりします。

　Bは，発表会が終わった後，評価規準に基づいて「関心・意欲」「計画・実行」「発表」の3観点を，それぞれ3段階で評価します。指導要録には，各観点の評価とともに，AまたはCの評価を与えた生徒については，その理由となるその生徒の姿を具体的に記載することにしています。

(4) キャリア教育としての選択総合学習

　選択総合学習の様子を見ていると，基本的知識がないのにむずかしいことをやろうとしている生徒，一貫性のない実験的作業を繰り返している生徒，やるべきことを明確にできずに時間を浪費している生徒，友達に頼って自主的な取組みができていない生徒がいます。もしくは，学習の進め方はしっかりしているけれど，作品を完成させることができなかったり，発表で失敗したりする生徒もいます。

　しかしその一方で，「今年は去年のように失敗しないように頑張っている」と口にする生徒がたくさんいます。つまり，生徒たちは発表会や反省会でほかの生徒の取組みを目にし，刺激を受け，来年は今年よりも良い学習にするのだという気持ちをもつようになっていくのです。

　そして失敗も含めた経験を生かし，課題設定や時間の使い方，発表の仕方に磨きをかけていくのです。こうした生徒の成長は，生徒がこの学習を通してよりよい生き方をめざし，それを実感している過程にほかなりません。

　また，選択総合学習がその生徒の生き方の選択に直接つながることもあ

ります。ある生徒は，3年生の選択総合学習で，環境問題をテーマに大変熱心に活動しました。高校は，好きな英語の力を伸ばそうと英語系コースに進学し，大変よく勉学に励みました。そして大学を選ぶとき，その意志決定の決め手となったのは，偏差値や点数ではなく，「自分のいちばん追求したいこと」でした。この生徒は，環境について学べる学部がある大学を選び，環境問題を本格的に学ぶことにしたのです。

(5) **個人探求型の総合的な学習を効果的に実施するために**

では最後に，個人探求型の総合的な学習を，カリキュラムとして効果的に実施するための要素について述べます。

最も重要なことは，その学習でどのような力を育もうとするのかを教師全員で議論し，共有することです。そのための方法として有効なのは，評価規準を作成することです。評価基準を作ることは，教師が総合的な学習の時間の意義を明確にし，支援のあり方について共通理解を図るために大変役立ちます。

これに関連して，教師が中・長期的に生徒の成長を評価する目をもつことも大切です。生徒は，失敗経験から多くのことを学び，そしてその経験を生かそうとします。教師は見通しをもって評価し，支援すべきです。そのためには，待ったり見守ったりすることも必要です。

2つめは，探求課題を生徒に決めさせることです。課題を「与えられる」「選ぶ」ではなく，「決める」という経験を積ませることに意義があります。もちろん，どのような枠組みの中で生徒に決めさせるかは，各学校の事情で決めるべきことです。導入にあたっては，数年後を見越し，課題設定における生徒の自由度を，段階的に広げていくなどの工夫も良いでしょう。

3つめは，全員に個人で発表をさせるなど，乗り切らなければならないわかりやすい課題を与えることです。もちろん，この課題の軽重についても，各校の実情を加味する必要があると思います。

4つめは，目標とすべき活動のイメージを生徒にもたせることです。とくに初めて学習に取り組む1年生に，上級生の優れた取組みを見せることは，大変効果的です。

　5つめは，生徒が設定する課題に対し，適切な制限を設けることです。制限を設けることは，目標とすべき課題の水準を示すことにほかなりません。安易に達成できる課題を設定しては，良い学習活動にはなりません。そのことを生徒に示すことが必要です。

　6つめは，生徒に「自分たちの主体性が学習を成立させている」と感じさせることです。当然，主体性は責任感を伴います。「一人一人の生徒が学習に対して責任ある態度で臨むからこそ，自分のやりたいことが学習として認められるのだ」ということを理解させます。生徒による実行委員会を組織し，学習の約束を決めさせたり，それをガイダンスで説明させたりすることも，大変効果があります。

　最後の7つめは，生徒の実態をもとに学習を作っていくことです。まず，生徒が教科学習でどのような土台となる力や態度を身につけているのかを見つめることが大切です。そして，実践の中から反省点を見いだし，柔軟に次年度の方針を決めるようにするべきです。選択総合学習も，少しずつ形を変えながら現在の形になりました。そしていまも変化し続けています。

　生徒の様子は，各学校，各地域によってさまざまです。個人探求型の総合的な学習の導入にあたっては，生徒の学校生活の状況を踏まえながら，理念を実現するための工夫を凝らすことが大切だと言えます。そうやって実践を積み重ね，ノウハウを蓄積し，学校の学習として定着したとき，その学校には，生き生きと自分で学んでいる生徒の姿が溢れていることでしょう。生き生きと自分で学ぶ，これこそ，学校という学びの場における生徒のよりよい生き方ではないでしょうか。

2．Moving Art

(1) Moving Art とは

　Moving Art（以下，MA）は，平成12年度に本校が開発した総合的創作表現活動単元で，自分たちの思いをさまざまな方法によって表現し，それらを1つの舞台表現にするというものです。本校では，3年生になると，これまでの学習の集大成として，クラスの枠を外し，6月～12月の半年間，43時間をかけて1つの舞台を創り上げるのです。

　具体的には，3年生の一人一人がこれまでの学習を振り返り，そのうえで，これからも大切にしなければならないと思うことや訴えたいことなどをテーマとし，それに基づいて，作詞・作曲・独唱・独奏・重唱・合唱・身体表現・映像表現・舞台美術などさまざまな表現を行い，それを1つのものとして創り上げ，発表するのです。

　表現方法によって分ける各パートのリーダーが中心になり，何度も修正を加えながら，よりよい舞台へと創り上げていく本単元は，国語科，音楽科，美術科，保健体育科の教師が支援にあたります。

　この MA は，平成14年度に完全実施となった総合的な学習の時間に合わせて開発したというものではありません。その8年前から，音楽科が3年生に組曲を作らせていたのが，より総合的な単元として発展したものなのです。

　平成6年度当時，卒業を前にした3年生に，生徒たちが抱いている思いをもとに作詞・作曲をさせ，それを音楽科が3・4曲から成る合唱組曲として編曲し，卒業前に発表させたのでした。この「自分たちの思いを組曲にしよう」という単元は，平成8年度より，国語科とのT.T.によってより充実したものになりました。生徒も，この組曲を中学校生活の集大成ととらえるようになり，作詞・作曲・合唱練習・発表に励んだのでした。

　ところが，年々，形が整った創作組曲になるのとは裏腹に，「果たして，

生徒全員が心の底から歌っているのだろうか，もしかしたら，音楽が得意な者だけが意欲的に取り組んでいるのではないだろうか」という疑問を，生徒の姿から感じたのでした。そこで，「生徒はそれぞれに自分の得意とする表現をもっているはずだ。音楽以外の表現をこの組曲に加えたら，さらにいいものになるのではないだろうか」と考えたのでした。

　幸い，総合的な学習の時間が新設され，時間的にはゆとりができたということもありました。生徒一人一人の得意とする表現方法を選ばせ，それらを1つの舞台に結集し，自分たちの力で創り上げていくという単元にしたのです。

　最初のMAは，平成12年度に発表されました。それまでの組曲が，ステージに整列してその場で合唱する形だったのとは違い，さまざまな動きがあり，映像機器なども使います。発表会当日はどうなることかと心配していたのですが，生徒は一人一人が自分の役割を見事に果たし，それらが1つの表現となり，観る者に大きな感動を与えたのでした。

　このとき，我が国の教育界に「キャリア」という言葉はほとんど認知されていなかったのですが，いま思うと，あれが「キャリア教育」の具体例なのではないかと思えるのです。このように考えると，キャリア教育というものは，総合的な学習の時間に最もその具体として表れるのかもしれません。

(2)　学習の実際

　まず，生徒は，これまでの学習を振り返ったうえで，広く世に訴えたいと思うことや，大切にしなければならないと思うことを話し合い，MAのテーマを導き出します。このテーマは，約30分間に及ぶMAを一貫する，非常に大切なものとなります。

　次に，このテーマに基づいて詩を作ります。この詩は，後にメロディーがつけられるので，単に詩を書くのではなく，作詞をするということになります。ここまでの5時間は国語科が支援するのですが，詩は1・2年生

で学習させているため,この作詞はその発展となります。

　出来上がった詩は詩集として生徒全員に提示します。生徒は,この詩集から気に入った詩を選び,それにメロディーをつけます。つまり作曲するわけです。作曲に際しては,だれの詩を用いても構わないことにしているため,作曲しようとする生徒に選ばれる詩もあれば,選ばれない詩もあります。何人もの生徒に選ばれる詩も出てくるかわりに,すべての詩が選ばれることはありません。

　近年は,自己中心的な子どもが増え,「希望や想いは何でも叶う」と思っている者もいますから,自分の詩が選ばれるとはかぎらないことを教えるのは非常に大切なことです。よりよい詩,よりよい表現とはどのようなものかは,前もって教科としての国語で学習させるものですが,多くの者の共感を得るにはどうすればいいか,こうしたことも教えておかねばなりません。

　なお,作曲は第2学年の音楽の授業で学習させていますが,詩に曲をつけるのは生徒にとって初めてで,大変むずかしいことです。そこで作曲したい者だけが夏休みに取り組むように,夏休み中の自由課題として設定します。したがって,この作曲は授業時間数にはカウントしませんが,MAに採用されることをめざして,多くの生徒が作曲に取り組みます。

　音楽科は,提出された作曲作品の中から,MAの核となる4・5曲程度を選び,ある程度修正を加えたり編曲したものを,生徒全員に提示します。作曲作品を提出した者は,この段階で自分の曲が選ばれたか選ばれなかったかを知ることになります。選ばれなかった生徒は非常に残念に思うようですが,「単独の曲としては優れていても,組曲としてはほかの曲との関係があり,そのために選ばれなかったかもしれない」というフォローをします。

　生徒はコンピュータによって再生される曲を聞き,イメージを膨らませつつ,これをさらによりよく表現するにはどのようにすればいいか,どの

ような表現をすることが相応しいかということを考えます。また，自分はおもにどのパートで活動するかを決めます。その活動するパートには，次のようなものがあります。

分　野	パート（係）
国語的	シナリオ，語り，その他
音楽的	指揮，伴奏（ピアノ），独唱，独奏（ピアノ，ギター，バイオリンなど），合唱，作曲，その他
美術的	舞台美術（壁画，オブジェ），映像，舞台効果（照明，特殊効果，音声など），舞台裏，その他
保健体育的	身体表現，演技，その他

　パートごとの練習に入る前に，シナリオ係はMAの核となる曲をもとに，MAの大まかな流れを作ります。シナリオ係がこの作業をしている間，ほかの生徒は，自分がどのパートを選択していようとも，合唱練習をします。最終的には6・7楽章構成になるすべての曲を全員が歌えるようにするわけではありません。ただ，すべての曲がどんな曲であるかを全員が知っておくことは，みんなで1つの舞台を創るうえで非常に大切なことです。
　これはMAの大きな特徴です。自分のパートの役割を果たせばいいというものではなく，さまざまなパートが互いに影響を与え合ってよりよいものになっていくことを実感し，みんなの力で1つのものを創り上げていくところに大きな価値があるのです。
　シナリオ係によって大まかな流れができると，その流れにしたがって各パートの活動が始まります。活動は各パートのリーダーが中心となって進めますが，どのパートがどのような活動をしているか，どのような表現をめざしているかということを，教師は常に把握しながら活動を進めます。
　大まかな流れにしたがって活動するときには，活動が進むにつれてテーマがぶれてくることがあるので，そうならないように，また，いわゆる贅

肉のような不必要な表現がつかないよう，教師は支援を行います。

　MAの授業は，クラスの枠を外し，多くの場合，2時間連続で行います。本校は，1年を通じた時間割はなく，教師の希望に基づいた時間割を作成しているため，このような時間枠と支援体制で授業をすることができるのです。

　授業が始まると，まず各パートのリーダーが進捗状況を説明し，ほかのパートへの希望などを発言します。その後，パートに分かれて活動を進めていくのですが，授業の最後にはまた全員が集まり，各パートの進捗状況を報告します。

　このような形で創作を進めていくと，やがて，いくつかのパートが一緒に活動するようになります。例えば，スクリーンに映し出す映像は，音楽の流れに合うように場面を変えたり，曲の長さに合うように映像の時間を調整したりするわけです。

　このように，全体の流れや各パートの絡みによって，MAはどんどん形が変わっていきます。その変化を全員が共有することは非常に大切であり，各パートのリーダーは，よりわかりやすいように，進捗状況を説明しなければなりません。プリントを配ったり，ときには，その段階でできている表現を披露するなどします。

　MAが形づくられていく過程では，さまざまなところで衝突が起こります。パート内で起こることもありますし，パートごとに意見が噛み合わなくなったりもします。こうしたことは，よりよいものを創ろうとするがゆえに起こるのですが，こうした衝突をいかにして解決するか，よりよい方向にもっていくかというのは，これからの人生のよりよい生き方，つまりキャリアとなるのです。

　どうしてもうまくまとまらない場合には，支援者である教師が適切な指示を出して混乱を鎮めることがありますが，生徒たちの力だけで創ることができれば，それだけ大きな喜びを味わえるというものです。

このように，1つのテーマに基づき，さまざまな表現方法を合わせて1つの舞台にすると，初めに描いたイメージとはまったく異なり，そして，充実したものになります。

　そこで，こうした総合的創作表現活動を"Moving Art"と命名したのですが，"Moving"には「動く」という意味だけでなく，「感動する」という意味もあります。「動き続ける芸術」，「感動する芸術」を創り，これを発表することで自分たちの思いを広く発信しようという単元は，いまや本校の重要な学習となりました。生徒たちも，自身の身についた力や，よりよい生き方とはどういうものかということを，実感することができているようです。

　新学習指導要領の総合的な学習の時間の目標である，「横断的・総合的な学習や探究的な学習を通して，自ら課題を見付け，自ら学び，自ら考え，主体的に判断し，よりよく問題を解決する資質や能力を育成するとともに，学び方やものの考え方を身に付け，問題の解決や探究活動に主体的，創造的，協同的に取り組む態度を育て，自己の生き方を考えることができるようにする」を含み込んだ単元を作ることはかなりむずかしいことですが，このMAは，この目標を1つの単元で含み込むものといえます。

　こうした学習では，教師は生徒の支援に徹する必要があるわけですが，その支援の中身は教科の授業で行う指導よりもはるかにむずかしく，大変なものとなります。しかし，教科において身につけさせた力等を生徒が活かし，それによって新しいものを創り上げていく姿を見ることは，大きな喜びになります。生徒は，創作の過程で葛藤し，挫折し，混乱の極みに達することすらありますが，こうしたことを乗り越えて創り上げるからこそ，人に感動を与えることができるということも実感するようです。

　本校は，「社会を創造する知性・人間性を身につけた生徒の育成」をめざしています。本単元はまさしく，このめざす生徒像を具現化するものであり，総合的な学習の時間があるからこそ実践できるものなのです。

第4章　総合的な学習の時間でできるキャリア教育

Moving Art 創作風景

リーダーを中心にギターパートの練習 　　スクリーンに映す映像を作成

舞台に飾る壁画を作成 　　オブジェと合唱練習

身体表現の練習

演技と照明合わせ 　　独奏とスクリーン映像の調整

3. 修学旅行

(1) 修学旅行と総合的な学習の時間とのかかわり

　新しい学習指導要領では，特別活動の指導にあたっては，各教科や道徳，総合的な学習の時間との関連を図り，家庭や地域との連携のもとで，生徒による自主的，実践的な活動を学校教育全体の中で行うことが求められています。それと同じように総合的な学習の時間でも，各学校で全体計画を立案する際に，教科学習での学びや道徳や特別活動などの全教育活動と連携させ，相互に関連づけていくことが求められています。

　このように考えると，特別活動として実施される修学旅行においても，全教育活動との関連を考えながら計画し，総合的な学習の時間と連携させながら実施していくことになります。このような総合的な学習の時間や修学旅行とは，どのようなものなのでしょうか。

　修学旅行などの旅行・集団宿泊的行事は，特別活動の学校行事として行われています。そして多くの学校では，修学旅行などの校外学習の事前・事後学習のために，総合的な学習の時間が使われているようです。しかし総合的な学習の時間が，単に事前・事後学習の時間確保となってしまうことは望ましくありません。

　修学旅行は，現地におもむき，実際の自然や文化の中に身をおくことで，これまでに教科学習で学んできたことを机上の学習に終わらせず，見て，感じて，考えて，さまざまなものを総合的に学習できる，数少ない場であるといえます。まず，学校の教育活動全体の中で生徒たちに学ばせたいことや身につけさせたい力を念頭に置き，修学旅行を軸にした，3年間を見通した学習の計画を立てます。その中に学んだことを実体験できる体験学習を位置づけ，総合的な学習の時間を使って，生徒に何をどのように学ばせるのかを考えていくことが大切です。

　このように学校での教育活動全体の中で，いろいろな学習を連携させな

がら修学旅行をとらえます。事前・事後学習を総合的な学習の時間の全体計画の中に組み込み，すすめていくことで，修学旅行を生徒のよりよい生き方につなげていくことができると考えます。

(2) **学習の実際**

本校では，総合的な学習の時間の積み重ねの中に修学旅行を位置づけ，旅行先を選んでいます。平成19年度から行き先を北海道方面に変更しました。

平成19年度の修学旅行では，次のような大きな柱を設定し，各学習との連携を図り，総合的な学習の時間の全体計画に組み入れています。事前学習の中には，教科担当が行うものもあります。

○ファームステイ

生徒たちは，1年生で「職業調べ学習」を，2年生で「インターンシップ学習」を経験しています。「インターンシップ学習」は，生徒に社会的体験学習をさせる中で，職業をベースとした人生設計を実感と自覚をもって意識づけていく学習です。

これらの学習を発展させるため，修学旅行の中で北海道の大地に根ざした農家にホームステイし，農家の生活をしながら農業体験をすることで，働くということの意味や意義について，生徒がより一層考えを深めてほしいと考えました。現地では，道央で1泊2日の期間，120名の生徒が約30軒の農家に温かく迎え入れていただき，貴重な体験をしました。

○世界自然遺産，知床の訪問

自然を愛護する気持ちはどこから生まれるのでしょうか。「自然は守らなければならない」と押しつけられたり，また「地球の将来のためには守

修学旅行と,それに向けての学習

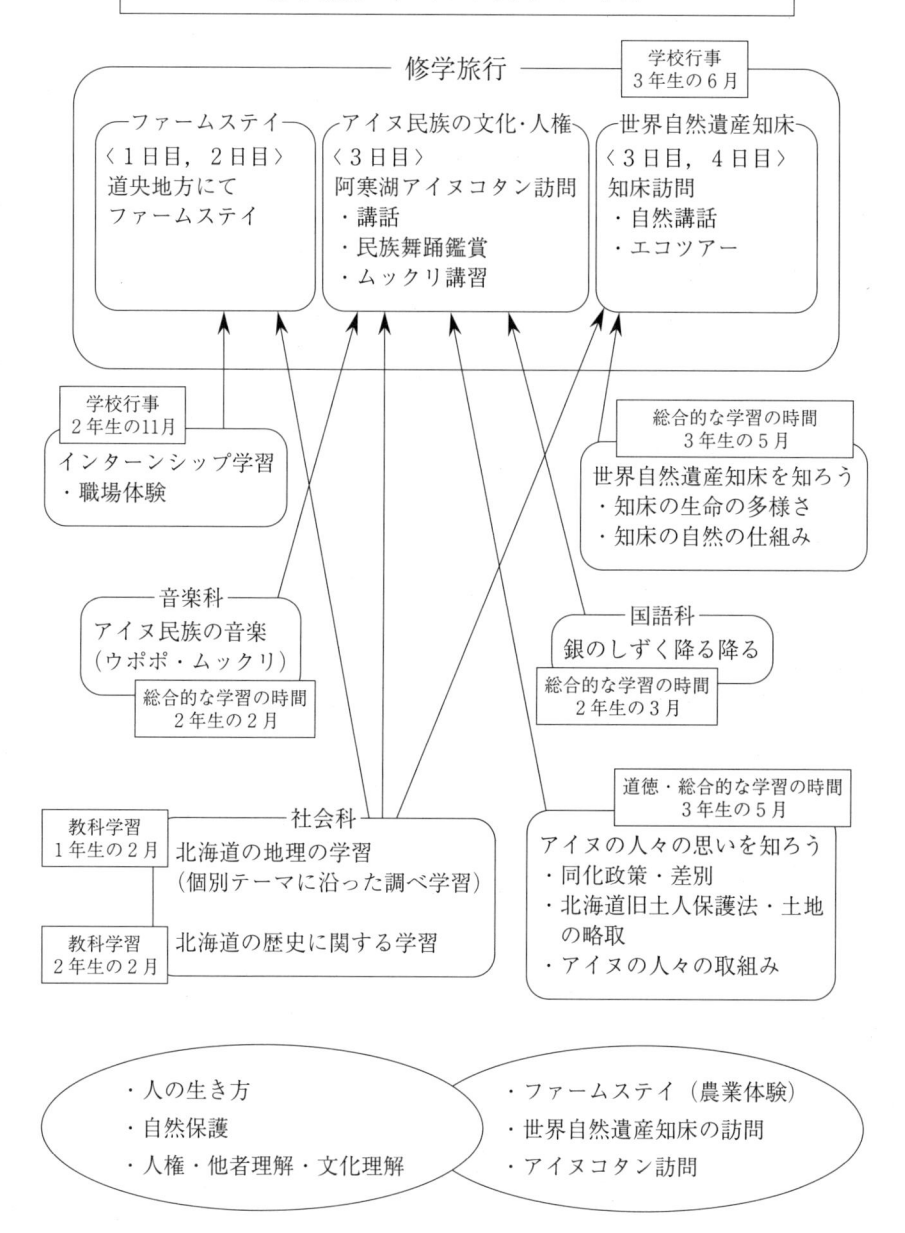

```
┌─ 修学旅行 ─────────────────┬─ 学校行事 ─┐
│                                          │ 3年生の6月 │
│ ┌─ ファームステイ ─┐ ┌─ アイヌ民族の文化・人権 ─┐ ┌─ 世界自然遺産知床 ─┐
│ │ 〈1日目,2日目〉 │ │ 〈3日目〉             │ │ 〈3日目,4日目〉   │
│ │ 道央地方にて     │ │ 阿寒湖アイヌコタン訪問 │ │ 知床訪問           │
│ │ ファームステイ   │ │ ・講話                │ │ ・自然講話         │
│ │                  │ │ ・民族舞踊鑑賞        │ │ ・エコツアー       │
│ │                  │ │ ・ムックリ講習        │ │                    │
│ └──────────────┘ └──────────────────┘ └────────────────┘
```

- 学校行事 2年生の11月
  - インターンシップ学習
  - ・職場体験

- 総合的な学習の時間 3年生の5月
  - 世界自然遺産知床を知ろう
  - ・知床の生命の多様さ
  - ・知床の自然の仕組み

- 音楽科
  - アイヌ民族の音楽
  - (ウポポ・ムックリ)
  - 総合的な学習の時間 2年生の2月

- 国語科
  - 銀のしずく降る降る
  - 総合的な学習の時間 2年生の3月

- 教科学習 1年生の2月
- 教科学習 2年生の2月
- 社会科
  - 北海道の地理の学習
  - (個別テーマに沿った調べ学習)
  - 北海道の歴史に関する学習

- 道徳・総合的な学習の時間 3年生の5月
  - アイヌの人々の思いを知ろう
  - ・同化政策・差別
  - ・北海道旧土人保護法・土地の略取
  - ・アイヌの人々の取組み

- ・人の生き方
- ・自然保護
- ・人権・他者理解・文化理解

- ・ファームステイ(農業体験)
- ・世界自然遺産知床の訪問
- ・アイヌコタン訪問

るべきだ」という理屈で理解することから生まれるものではないように思います。人がそれぞれ自分の人生の中でどのように自然とかかわったか，そして「この自然を大事にしたい」と心で感じたか，そこから生まれるのではないでしょうか。

　自然とのかかわりを通して子どもの心の中に自然愛護の気持ちが湧き起こったとすると，それはその子どものよりよい生き方につながっていくでしょう。その意味からも，心から感動するような自然にふれる体験を重視したいと考え，普段の学校生活では体験することがむずかしい，美しい自然とふれあうプログラムを取り入れているのです。

　知床半島は平成17年7月に世界自然遺産として登録されました。なぜ知床が世界自然遺産に選ばれたかを，直接自分たちの目で見て，感じて，考えてほしい。そのような願いをもって，知床半島を修学旅行の訪問先に取り入れました。

　事前学習で知床についてビデオを鑑賞させ，現地では，知床の自然を保全されている知床財団研究員の方から，直接生徒たちに自然講話をしていただきました。翌日には，環境ガイドの案内のもと，班別で知床のエコツアーを行い，直接自分たちの目で知床の自然を見て，感じて，考えました。

○アイヌコタン訪問

　人権問題は，学校教育の中でしっかりと行わなければならない学習です。道徳の時間はもちろんのこと，教科学習や総合的な学習の時間とも連携させ，深めていきたいものです。

　修学旅行ではアイヌコタンを訪問することを計画しました。生徒たちは道徳の時間や社会科の歴史学習の中で差別について学んできましたが，先

住民族であるアイヌの人々に対する民族差別について知り、考えることは、それを発展させていくこととなります。

民族差別を考えるうえで、他者理解・異文化理解の視点は欠かせません。そこで国語科担当者は、アイヌの文学作品『銀のしずく降る降る』を使った単元「少数民族のたどってきた道と人間に存在する文化的価値を知る」を、総合的な学習の時間に事前学習として授業を行いました。同様に、音楽科担当者は、アイヌ民族の楽器「ムックリ」の学習を行いました。

また、学年全体として、萱野茂氏の生き方を通した「アイヌの人々の思いを知ろう」という単元を設定し、実施しました。

現地では、アイヌの民族舞踊を見学し、アイヌの方のお話を聞いた後、ムックリの講習を受けたりすることができました。

総合的な学習の時間は、道徳や各教科、特別活動をうまくつなぎ合わせる橋渡しとして、欠かすことのできないものです。修学旅行のような宿泊行事では、そのとき宿泊することだけに目が向きがちですが、本来は、「生徒たちに自然愛護の気持ちをもたせたい」「自分の生き方を考えさせたい」「人権問題に目を向け、差別を許さない気持ちをもたせたい」などの思いを実現させるために活用するものだと考えます。

修学旅行といえば、3年生担当の教員集団で、事前学習や旅行計画を立てて実施していく場合が多いでしょう。しかし、学年団の枠にとらわれずに、教科担当や「生徒にこれを伝えたい」という思いをもったすべての教員が、事前・事後学習をサポートすると良いのです。このように教科担当

が行う場合には，担当教科の授業としてではなく，総合的な学習の時間として年間時数をカウントしても良いでしょう。

　こうした学習を支えていくには，教員同士が普段から互いに連携を取り合い，どんなことをだれがするのが適当なのか，どの時期にどのような学習を組み立てていけばより効果的であるのかなどを，話し合う機会をもって，カリキュラムを構築しておくことが大事です。

　修学旅行に限らず，すべての学校教育の場面で，学校全体でよりよい生き方につながるようにとの強い願いをもって，すべての教員が連携して学習を進めていこうという姿勢が，生徒の変容へとつながっていくと考えます。

第 5 章

キャリア教育による学校づくり

1. 義務教育はどうなる

① よりよい生き方をめざすのがキャリア教育の立場

　今回の学習指導要領改訂に際しては，平成18年に「個人の価値を尊重して，その能力を伸ばし，創造性を培い，自主及び自律の精神を養うとともに，職業及び生活との関連を重視し，勤労を重んずる態度を養うこと」を教育の目標のひとつとして掲げ改正された教育基本法と，それを受けて平成19年6月に学校教育法の一部改正で規定された義務教育の目標および各学校段階の目的・目標規定の改正がありました。キャリア教育の立場も，これら法改正によって，その立場はさらに明確になったことを理解しておく必要があるでしょう。

② これからのキャリア教育の推進

　第21条の義務教育の目標に，「学校内外における社会的活動の促進」，「社会の形成への主体的参画」，「生活に必要な産業その他の事項についての基礎的な理解と技能の育成」，「職業についての基礎的な知識と技能，勤労を重んずる態度及び個性に応じて将来の進路を選択する能力の育成」の文言がありますが，その中心的な役割を担うのがキャリア教育であることがわかります。義務教育段階を一貫した，小学校からの継続的・体系的なキャリア教育の必要性が法的根拠をもって明確に示されているのです。

　さて，「学習指導要領改訂の基本的考え方」では，「生きる力」を育むという現行学習指導要領の理念を実現する具体的な手立てを確立する観点として，「基礎的・基本的な知識・技能の習得」，「学習意欲の向上や学習習慣の確立」，「豊かな心や健やかな体の育成のための指導の充実」というポイントが示されています。

中でも，現在の日本では，確かな学力の一層の定着や向上が課題とされ，学力の重要な要素である学習意欲の乏しさが指摘されています。

　学校教育法においても具体的に，自他の文化や伝統の理解，読書の奨励，観察・実験などの体験的な学習，知識・技能を活用する学習や勤労観・職業観を育てる目標を明確にしています。そして全教科・特活・道徳・総合的な学習に基づくキャリア教育を進めることで，学ぶ意義を認識し，よりよい生き方をめざして学び続け，一つ一つの課題を解決していく子どもたちの発達支援を掲げています。

　学習意欲の向上とキャリア教育の諸実践とが，相互に密接な補完関係にあることは，かねて指摘されてきたところです。しかしまだまだ，キャリア教育といえば職業観・勤労観の育成，少し進んで進路教育・進路指導と置きかえられがちでした。

　今回の学習指導要領改訂は，キャリア教育の推進が日本の教育上きわめて重要な役割を担っていること，また本来すべての教育は，よりよい生き方をめざすためという意識を日本人がもたねばならないことを，再度明確に打ち出したものであるといえましょう。

2．教員の連携なくして子どもの発達支援はできない

①　キャリア教育を支える「まなざしの共有化」

　これまでの教育研究は，その子一人をどう育てていくかという部分，つまり，その子をどのように鍛えてたくましい個に育て，世界に羽ばたく日本人にしていくかというところに終始しました。つまり，個人の成長，個人の教育という殻から出ないものであったと思います。

　しかしながら，これからの世の中は，その子がよりよく生きるためにはその子を取り巻く社会も共に育っていかなければならないと考えられます。

そのためにも子どもたち自身が，自らの生きる社会を自分たちで作っていくような勉強をする，そういう子どもたちにしていかないといけません。

社会みんなで未来を担う子どもたちを育てる時代です。子どもを取り巻く社会が子どもたちを育むのに適しているかを点検し，常に修正していくのが，これからの教育の役割でもあるのです。

さて，そうは言うものの，世の中にはさまざまな価値観が存在し，子どもを見る目もそれぞれに異なります。そこで必要になるのが，子どもを見る「まなざしの共有化」です。

子どもにかかわるさまざまな事件が起きています。大人たちはそれぞれに，動機や背景について解釈し見解を述べますが，いかに分析し，事件における共通点を発見したとしても，事件はなくなりません。

つまり，教育という行為において，子どもたちを育てる「まなざし」を共有した者と，その「まなざし」を受け止めて教育的支援を理解した子どもたちがいて，社会は，期待される子ども像の実現を可能にしていくと言えるのです。

② 授業リフレクションで子どもと教師を観る

まずは驚く体験をしよう

それでは，子どもを見る「まなざし」をどのように共有化していくかということについて，附属明石校園の実践を例に説明します。

子どもたちのキャリア発達を支援するためには，子どもたちの育ちを知ることが有効だと考えました。そのためには，教育にかかわる各校種の教師が，子どもたちの発育段階の現実を体験的に把握し，自らの教育観を修正していくことが必要でした。

具体的には，中学校の教師も幼稚園の先生方と同じように，幼稚園児のA子ちゃん，B男ちゃんの園生活を追っかけまわして観察してみるのです。小学校へ行けば小学生がにぎやかに走り回り，先生と一緒に学んでいます。

そういう姿の中に入り込んで，この子たちはいま一体何を学んでいるのだろうかということを，自分なりにチェックしていくのです。

当然その授業なり単元を実施している教師は，それなりの授業者としてねらいをもって学習環境を整え，授業実践しています。その学習に参加した教師は，授業後，その授業について，「あのときあの子はここでこんなことを勉強していましたよね，学んでいましたよね」と，自身の受け止めを，授業者の教師と一緒に振り返っていくわけですが，実際にこれをしてみると，両者の受け止め方はずいぶんずれるのです。

授業者の，「ここではこんなことをしていきたかったのだ」という思いやねらいが子どもたちに伝わっていなかったり，見ている我々の見取りと異なることが，次から次へと出てくるのです。そうする中で，「幼稚園の先生と小学校の先生と中学校の先生では，教育観がずいぶん違う，いや，まったく違うと言ってもいいくらいだ」というギャップに気づくのです。

出口意識で子どもを見るな

中学校の教師のように，高校への出口意識で子どもたちを見ていると，ついつい「小学校の先生は，この辺までやってくれないかな」という要望をもって小学生を見てしまいます。ところが，幼稚園，小学校，中学校までの12年間，実際に一人一人の子どもたちを，3校種に共通した「望ましい子ども像」をもって見ていくと，「この子たちはやはり，この線上をずっと歩いて大きくなってきたのだな」ということが段々わかってきます。

そのように気づいてくると，幼稚園の先生と私たち中学校の教師は，きっとその子を同じ「まなざし」で見ているんだろうなと思います。「この子がいま学んでいるのは，ここだな」という意見がだんだん揃ってくるのです。

このようにして，子どもたちを見つめていく「まなざしの共有化」は図られていくのです。そしてそれこそが，キャリア教育を進めていくベースになるのです。教育観の違う人が集まり，授業や学年を振り返っていくリ

フレクションをして，子どもの一つの学びを確実なものにしていくことが大切なのです。

③ リフレクションで何を観るのか

子どものねらいと教師のねらいは違う

　授業や活動のなかでの子どもの学びや気づきと，教師の思いをはっきりと浮かび上がらせることが大切です。子どもたちの学びは一人一人異なり，教師の思いや授業の組み立てが，常にねらいどおりの学びを子どもたちに育んではいないことに気づくことが大切です。

　まずは，「生徒の（が抱く）ねらい」こそが，子どもたちの学びの経歴の入り口であることを理解しましょう。そして，子どもたちのねらいに，教師のねらいや願いが寄り添っていく学びを仕組んでいくことが大切です。

　子どもたちを見守る「まなざし」が揃うことで，発達段階ごとに，いろいろな学びの事実がストックされていきます。学びの事実は，学習の中で目についた子どもの具体的な行動や発言，記述の中にあります。行動にはしぐさや目線なども含み，発言は口調やつぶやきも含めて，教師の印象や解釈を交えない，できるだけ具体的な事実を見取っていきます。

小さな研究グループで始めよう

　もちろん，義務教育を一貫した「まなざし」が共有できる状況が，どこにでもあるわけではありません。まずは，中学校なら中学校での学びの事実をとらえていけばよいと思います。

　中学校の3年間は，人格形成のうえでも重要な時期ですし，子どもたちの変容や成長も著しいときです。同校種の人間であっても，人それぞれに独自の教育観で生徒を観ているものです。だれかとチームを組んで，互いにねらいをもって生徒の学びの事実を観察していけばよいのです。

　授業の後に，自分の意図が生徒にどのように伝わっているのかを，ワクワクしながら振り返るのも，充実した授業研究のひとときです。思いがけ

ない場面や，意外な事実に出会ったときの記録は，結構速いペースで蓄積され，やがてみんなの生徒を観る「まなざし」が揃っていきます。

学びの事実がどのような形で集積されているのかを参考にしたい方は，附属明石校園カリキュラム開発研究センターの「学びの一覧」をご利用ください。

3．教師として，レベルアップをめざそう

① キャリア発達支援で育てたい心

人間の望ましいキャリア発達を考えるとき，「学習指導要領改訂の基本的考え方」にもあるように，発達を支える豊かな心の存在を無視しては語れません。まなざしを共有化し，「他の教科の先生はいったい何を教えているのか」，「この子は何を学んでいるのだろう・何を感じているのだろう」と，子どもの歩んできた道のりを見つめた学びを仕組む中で，私たちはいくつかの大切な心のキャリア発達に着目しています。

・自尊感情＝「他」とともに学びを育む中で役立つ自己の発見で育つ。
　　　　　　自分を求め，次第に誇れる自分に気づいていく。
・自律心＝「自と他」を理解し，よりよい方向を探す学習の中で育つ。
　　　　　自分で判断し対処できる心と態度が身につく。
・自己責任＝自己の向上をめざした知的好奇心を自己実現していく学びを展開していく中で，自分のしたことに責任をもつ態度が身につく。

これらの心は，自然に育つわけではありません。総合的な学習がそうであるように，学校が一体となって取り組み，これらを常に意識して学習活

動を設定し，教師の意識が自らの資質向上に向かっている必要があります。

②　教師のレベルアップはここから

　このような変革期にあって，教師として私たちは，さらに高度で充実した現職教育の内容をめざす必要性を感じます。それは，次に述べる2つの資質の向上によってなされると考えられます。

情熱的リーダー性の向上

　このリーダー性と呼ぶものは，「熱意をもって，自身や学校の願いや思いを，部外者・他の教師や親等と共有化できる（させる役割を果たせる）能力や，そうしようとする態度」です。

　今日の学校教育は，親（地域）と子ども，そして教師の信頼関係を確立することが大切です。互いの立場や願いを互いに理解し合う中で，しっかりと説明責任を果たしていくことが必要です。学校が何を目標に掲げ，どのような方法でそれを実現しようとしているのかを，すべての職員が情熱と自信をもって伝えられるかどうかということです。

　ところが，そのようなリーダー性をもつためには，学校の教師一人一人が，自分の学校とそこにいる生徒を，校長や学級担任と同じくらい知っていることが必要です。つまり「学校担任」になる場面のある学校（教員）文化が必要です。教師が育つには，教師を育てようとする文化が必要なのです。

　さて，そのような学校（教員）文化は，どのように育つのでしょうか。それは，決して校長の号令だけで生まれるものではありません。教員一人一人の，カリキュラムマスターとしての意識や日常の行為・振る舞いによって，学校内で伝わっていくのです。

カリキュラムマスターの集う学校（教員）文化をつくる

　学びを生み出すために必要なのは，一元的な理論によって正当化されたり統制されたりしない，実践的な場の創造です。実践による検証を踏まえ

た，個性化・主観化された知識と知恵の場を創り出そうとする，努力と勇気をもつことです。

当然，標準化・形式化された，理論的に裏づけされた「知」は必要ですが，このパターンが理論→応用→実践という階層的な構造の中でしか機能せず，教師が，ただ知識を消費するだけの専門家になっている現実につながっています。これまでの日本の縦型学校社会の中にあっては，教師が個としての学びや研究をもつ習慣がなかったからなのでしょう。

これからの教師は，このことを反省し，何事につけても現場と社会の必要性を正しくとらえ，自らの探求力でカリキュラム全体と単位授業をバランスよく組み立てる必要があるのです。他人任せにせず，教師一人一人が納得のいくカリキュラムを，学校の教育目標の達成に向けて，カリキュラムマスターとしての意識をもって構築しようとすることが大切なのです。

4．学校のしかけ

教師の資質向上という点で，「学校が一体になって」と述べましたが，具体的にはどのような点を工夫すべきなのでしょうか。いくつか，学校としての「しかけ」を提案したいと思います。

① さまざまな学ぶスタイル

イメージしやすさという点で，「子どもを行かせたくない学校は」と，あえてマイナス面で考えてみます。次のような学校が考えられます。

- めざす子ども像やアイデンティティーをもてず，常に対処に追われている学校
- 教育的課題やビジョンにばらつきがあり，教師に連帯感がない学校
- 保護者や子どもの教育に対する願いや思いがわからない学校

- 子どもの発達や願いを意識せず，座学中心の学習に終始する学校
- 卒業生の姿や話に展望がもてず，自分の生き方に役に立ちそうにない学校
- 卒業生の姿が見えず，どんなことができるようになるのかがわからない学校
- 細やかで正しい評価が告げられず，将来の計画ができない学校
- 教師や支援者との人間関係が希薄で，相談や質問がしづらい学校
- 学ぶレベルが常に上下して，力が定着・向上しない学校
- 常に教師主導で，自分の特性や能力が活かせない学校

　学ぶのは子どもたちです。保護者は常に，子どもたちが生き生きと学習を楽しみ，着実に役立つ力を身につけていると伝わることで，学校に安心と信頼を寄せるのです。先にあげた項目をプラス方向へと転換させるためには，何をおいてもカリキュラムの見直しが必要です。学校が停滞し，活気がないとしたら，子どもたちに学びが支持されていないからではないでしょうか。

- 個別選択・教科や主題（講座）選択学習の場
- 小集団でのメリットを生かした学びの場
- 参加，体験的学習の場
- 横断的な学習の場
- 学年枠を外した学習の場

　そして，これらの学習発表の場をもつことで，先輩から後輩へと，憧れや信頼とともに学びの系譜は受け継がれ，保護者の期待や安心につながっていくのです。子どもたちのキャリア発達を考えるとき，心や体，経験や頭脳を働かせる場は，過剰な負担にならない範囲でたくさんの選択肢をも

たせたいものです。そのためにも、学校は、知の生産者として多様な学びを創出し、模索する使命があるのです。

② 時間割というアイテム

ねらいをもって作ろう

　時間割と呼ばれるものがどの学校にも存在しますが、これはだれが、何を基準にして、どのように作成しているのでしょうか。

　教師側から見れば、「だれが」という点について、カリキュラムマスターの育成をめざすなら、教職員全員がこの作業を経験すべきだといえるでしょう。他教科がどのようなことを教え、そのためにハード・ソフト面でどのような苦労や願いがあるのかということも、時間割を作る経験から理解されてくるものです。また、互いの希望を調整していく中から、学校の全体像を把握した学校担任としてのリーダーシップも生まれてきます。

作成の基準と方針

　次に、「何を基準に」という点では、もちろん「生徒にとっての学びやすさ」を第一に考えるべきでしょう。つまり、工夫や配慮がなければ時間割の中に入れられない学習を、優先的に配置するということです。常にフィードフォワードしながら、生徒の理解や習得の状況に合わせて単元構成を変化させる総合的な学習、多くの教科の教師が同時に参入する横断的な単元学習、学年の壁を取り払った選択総合学習などは、従来の固定式時間割では対処できません。

勇気をもって作る

　そして、「どのようにして」という点になります。学校規模の大小も関係してきますが、生徒が学習の先行きを見通せる範囲で、できるだけ短いスパンで作成する必要があります。そのためには年間指導計画段階で、それぞれの学習の時間数を全員で決定・把握しておかねばなりません。

　本校では、3週間分の希望を3週間前に担当者から聞き、年間計画や実

施率を考慮して授業を配置していきます。条件が多すぎて既成の時間割作成ソフトでは対応できませんが，出張や年休にも完全に対応でき，教師個々の授業時間数なども集中管理でき，年間で見ても計画との誤差をほとんどなくすことができるというメリットがあります。

当然，教師間での不満も出てきますが，作成者は，勇気をもって方針を貫くことが大切です。その経験を皆がすることで，教育への意思統一が固まるのです。

次頁に掲げるのは，6月の1週間分の時間割を抜き出したものです。いろいろな学習が交錯して存在する実際の様子をご覧ください。

5．キャリア教育を進めてわかったこと，そのメリット

私たち教師にとっての大きな成果は，いろいろな学習を通して，保護者や子どもの教育に対する願いや思い，特性を把握しながら，学習のフィードバック・フィードフォーワードへの対応ができてきたことです。そして，いろいろな学習を配置することで，発達に則した指導や体験的活動が展開でき，基礎・基本から発展応用への流れをもった学習単元の構築ができてきました。

そして何よりの成果は，いろいろな学習を構築していく中で，さまざまな文化領域の存在と教科教育の関連や必要性を私たち教師が認識したことです。また他校種との連携研究をする中で，教育的課題やビジョンが明確になり，教師自身の姿勢や意欲も向上しました。

子どもたちは，学習を通した先輩の姿や話から，進むべき道筋を確認し，学習を通してより先を行く先輩の成果に，より高い可能性を認識できていました。そして，細かい評価場面を通して自分の発達や学習の価値を認識しながら，自己設計ができました。また，自分に合った学習課題に挑める場に出会うことで「学び方」を理解し，それとともに，多くの教師や支援

※1年「発準」は，発表準備学習（総合的な表現技能獲得学習）

※2年「体験生実」は，教科・道徳・総合的な学習などの学びを生かして取り組む特別活動

※2・3年「講座選択学習」は，教師の提示した講座を2・3学年の生徒が選択する選択学習

※3年「MA」は，「ムービングアート」（複数の教科が共同で制作する総合的創作表現活動）

※全学年「人間」は，「人間学習」（体験を重視した道徳学習）

※全学年「選択総合学習」は，生徒が個別にテーマを設定して取り組む学年枠を外した学習

者との人間関係の深まりを感じたはずです。

　本書は、新たに何かを始める必要を説いたものではありません。言うならば、戦後の日本における教育の有用性を確認するとともに、今日的視点をもって、教科・道徳・総合・特活などを結びつけて考える場を提供したといえるでしょう。

　学ぶ者、教える者の暮らしや環境は変化していきますが、教育の目的が、ひとえに「人々のよりよい生き方の支援」であり、学ぶ者と教える者がそれを理解しているかぎり、学ぶ場に求められるものは常に同じなのでしょう。よりよい学校文化を築き、その中でのびのびと子どもたちが育まれ、地域や保護者とともに学校が育つ。そんな学校を核とした日本文化を確立していきたいものです。

おわりに

　本書第2章以降は，学校創立以来，連綿と続けてきた神戸大学発達科学部附属明石中学校の教育実践と，これまでの教育研究の成果とを，現時点でまとめたものを中心に構成しています。新たに何かを始めるべきと訴えるものではなく，いま一度，学校本来の役割に立ち返り，私たち教員はどうあるべきか，学びとは何かについて，整理するつもりで分担執筆したものです。

　もちろんこれは，歴代の明石中学校教員のみならず，連携教育研究を通して力を合わせてきた附属幼稚園および附属明石小学校の教員，これらを支えていただいた神戸大学関係者，研究発表会や研究協議会にご参集いただいた全国の教育関係者および教育委員会の方々，とりわけここ数年の間，本校教育を高く評価してくださり，多大なご指導を賜りました筑波大学特任教授，渡辺三枝子先生はじめ，これまでかかわっていただいた多数の教育研究関係者各位のご尽力なくしては，到底たどり着くことのできないものでありました。

　序文と第1章は，その渡辺先生にご執筆いただきました。渡辺先生がこれほどまでに本校の教育を高く認めてくださり，本書の出版実現に向けて自ら奔走いただいたことは，光栄の極みであり，どのような感謝の言葉も見つけることができません。

　最後になりましたが，本書の出版に深いご理解とご尽力いただきました㈱図書文化社の村主典英様，水野昇様，東則孝様はじめ出版部の皆様には，心からの御礼を申し上げ，本書が学校教育関係者のみならず，子どもたちの成長発達にかかわりをもつさまざまな方々に広く読まれ，わずかでも寄与することができるのならば，これもまた幸いというほかありません。

　　平成21年3月

　　　　　　　　　　　　　神戸大学発達科学部附属明石中学校長
　　　　　　　　　　　　　神戸大学大学院人間発達環境学研究科教授　　高橋　正

◆◇監修◇◆

渡辺三枝子　わたなべ　みえこ　序文・第1章執筆

筑波大学特任教授（キャリア支援室長）。米国ペンシルバニア州立大学大学院博士課程カウンセリング心理学・カウンセラー教育専攻，哲学博士号（Ph.D.）取得，日本労働研究機構主任研究員（労働政策研究・研修機構の前身），明治学院大学，筑波大学大学院人間総合科学研究科教授を務める。主要著書に，『キャリア教育—自立していく子どもたち』（東京書籍，2008），『新版　キャリアの心理学—キャリア支援への発達的アプローチ』（ナカニシヤ出版，2007），『オーガニゼーショナル・カウンセリング序説』（編著，ナカニシヤ出版，2005），ほか多数。平成21年4月より立教大学大学院特任教授，筑波大学キャリア支援室シニアアドバイザーに就任予定。

◆◇神戸大学発達科学部附属明石中学校研究同人◇◆

第2章〜第5章執筆

高橋　　正（校長）
米田　淳二（副校長）
笹尾　秀登（教諭：国語）
吉田　圭吾（教諭：国語）
黒木　幸敏（教諭：社会）
宮嶋　昭伸（教諭：社会）
田中　克己（教諭：数学）
橋場　弘和（教諭：数学）
赤松　弘一（教諭：理科）
今村　彰宏（教諭：理科）
前田　　忍（教諭：音楽）
斎木　敦智（教諭：美術）
久森　邦彦（教諭：保健体育）
坂口　喜啓（教諭：技術・家庭）
金田　理子（教諭：技術・家庭）
北代　尚之（教諭：英語）
長田　真紀（教諭：英語）
百元　三記（教諭：養護）　　　　　　　　　　＊平成21年3月末現在

教科でできるキャリア教育
―「明石キャリア発達支援カリキュラム」による学校づくり―

2009年8月20日　初版第1刷発行　［検印省略］

監　修	渡辺三枝子
著　者	Ⓒ神戸大学附属明石中学校
発行人	村主典英
発行所	株式会社　図書文化社
	〒112-0012　東京都文京区大塚3-2-1
	Tel. 03-3943-2511　Fax. 03-3943-2519
	振替　00160-7-67697
	http://www.toshobunka.co.jp/
印刷・装幀	株式会社　加藤文明社印刷所
製本所	合資会社　村上製本所

Ⓡ本書の全部または一部を無断で複写複製（コピー）することは，著作権法上での例外を除き，禁じられています。本書からの複写を希望の場合は日本複写権センター(03-3401-2382)にご連絡ください。
乱丁・落丁の場合は，お取りかえいたします。
定価はカバーに表示してあります。
ISBN 978-4-8100-9540-1　C3037

公教育の使命と将来展望とは

データが語る❶ 学校の課題
学力向上・学級の荒れ・いじめを徹底検証

数字で見えてくる学校の課題。「小学校が激変。学校生活のルールを定着させよ」「いじめは必ず起こっている。教育力のある学級を育てて予防せよ」「学級人数は35人でいい。学級に合った授業の工夫を」

河村茂雄（早稲田大学教授）著　　A5判 ● 本体1,400円

データが語る❷ 子どもの実態
学習意欲・友だち関係・規範意識を徹底検証

数字で見えてくる，いま子どもたちに必要なこと。「朝食がカギではない。寝起きの時間管理をすることが大切」「心が育つには，何でも話せる友だちが6人以上ほしい」「学力向上は心の育成と一体だ」

河村茂雄（早稲田大学教授）著　　A5判 ● 本体1,400円

データが語る❸ 家庭・地域の課題
団らん・しつけ・地域の力を徹底検証

数字で見えてくる，いま家庭・地域で必要なこと。「テレビを見ながらでも，価値観や気持ちを語らう団らんを」「子どもは，しかっても，大切に思ってしつけてくれる親が好き」「地域で違う子どもの実態。教育は地域の強みを生かして」

河村茂雄（早稲田大学教授）著　　A5判 ● 本体1,400円

公立学校の挑戦・中学校
人間関係づくりで学力向上を実現する

ふつうの学校が成果を上げた教育実践と組織づくりの秘訣

河村茂雄・粕谷貴志 著　　A5判 ● 本体1,800円

図書文化

※定価には別途消費税がかかります

豊かな心を育てる具体策

生きる力の具体策
社会性を育てるスキル教育 教育課程 導入編
いじめ・荒れを予防し,「社会的スキル」を育てる授業型の生徒指導

総合の一部として,時間割に位置づけ,組織的に実践する方法を,
実際の学校教育課程,年間カリキュラム,推進の手順で紹介

國分康孝 監修　　清水井一 編集　　B5判 ● 本体2,000円

社会性を育てるスキル教育35時間〔全9冊〕
－小学校1～6年生　中学校1～3年生－
総合・特活・道徳で行う年間カリキュラムと指導案

学校の1年間にそって1時間の授業を4頁でワークシートとともに

國分康孝 監修　　清水井一 編集　　B5判 ● 本体各2,200円

ソーシャルスキル教育で子どもが変わる 小学校
楽しく身につく学級生活の基礎・基本

國分康孝 監修　　小林正幸・相川充 編集　　B5判 ● 本体2,700円

実践！ソーシャルスキル教育 小学校・中学校
対人関係を育てる授業の最前線

佐藤正二・相川充 編集　　B5判 ● 本体各2,400円

いま子どもたちに育てたい 学級ソーシャルスキル
人とかかわり,ともに生きるためのルールやマナー

小学低学年　小学中学年　小学高学年　B5判 ● 本体各2,400円
中学校　B5判 ● 本体2,600円

河村茂雄・品田笑子・藤村一夫・小野寺正己 編著

図書文化

※定価には別途消費税がかかります

新学習指導要領で求める学力を育てる授業とは

新しい学習指導要領の理念と課題
確かな学力を基盤とした生きる力を
改訂のキーパーソンが語る新学習指導要領の核心
梶田叡一（中教審副会長・兵庫教育大学学長）著
四六判 ● 本体2,000円

「教えて考えさせる授業」を創る
基礎基本の定着・深化・活用を促す「習得型」授業設計
教えられて理解し，その先へ行く授業づくりの考え方
市川伸一（東京大学教授・中教審教育課程部会委員）著
四六判 ● 本体1,400円

活用力を育てる授業の考え方と実践
「習得−活用−探究」の学習サイクルを視野に入れた，
授業づくりのさまざまな考え方と実践例
安彦忠彦（早稲田大学教授・中央教育審議会委員）編著
A5判 ● 本体1,600円

授業改革と学力評価　求同求異論からの提言
教育の要諦は「画一化」「個の尊重」のバランスにあり
北尾倫彦（大阪教育大学名誉教授）著
四六判 ● 本体1,800円

子ども力を高める授業
活用する力，伝え合う力，○○科好きを育てる
活用型授業づくりのモデル
筑波大学附属小学校 著　B5判 ● 本体2,400円

図書文化

※定価には別途消費税がかかります